新学習指導要領対応！

特別支援学級担任のための
学級経営サポートQ&A

特別支援学級の達人になろう！

Perfect Support 77

三浦 光哉 編著

はじめに

　21世紀に入って特殊教育から特別支援教育へ転換されたことにより、教育現場では、これまでにない様々な教育の取組や考え方の急激な変化に戸惑いを感じてきました。その中にあって、特別支援学級も同様に大きく変化してきました。その特徴は、一つは児童生徒数の激増であり、もう一つは、インクルーシブ教育システムの理念や多様な学びの場としての教育体制（教育内容・方法など）の柔軟性と多様性でしょう。

　児童生徒数の激増は、特別支援学級の設置数の激増とともに、学級を担任する教師も増えているということです。しかしながら現状では、校内配置により初めて特別支援学級の担任をする教師も多く、教育課程の編成、教室環境、授業内容、指導方法等を分からないままに経験と勘で指導していることも少なくありません。特別支援学校教諭免許状を取得していない教師も7割いて、その専門性が問われております。

　全国には、各都道府県教育委員会及び研修センター等が中心となって、特別支援学級新担任教師を対象にした手引書が作成されていますが、作成された手引書の内容には、説明不足の箇所や具体的事例が掲載されていない箇所が少なからず見られます。また、現行の学習指導要領に対応したものであるため、新学習指導要領に対応していない内容もあります。

　そこで本書は、特別援学級経営に関して知っておいてほしい基本的な事柄について、「特別支援学級の概要」「学習指導要領を踏まえた特別支援学級経営のポイント」「特別支援学級に在籍する児童生徒の障害の特徴」「特別支援学級経営のポイント77－Q&A（264）－」に整理し、7つの障害種へのアプローチも示しました。特に、Q&A形式は全部で264あります。特別支援学級で初めて担任する教師から長年にわたり担任しているベテラン教師まで幅広く活用していただけるようパーフェクトガイドとして仕上げました。特別支援学級の担任のみならず、特別支援教育に携わる教員関係者にも本書を通読していただければ幸いです。

2018年12月

編著者　三浦　光哉

目　次

はじめに

第Ⅰ章　特別支援学級の概要

1．特別支援学級の対象者と障害の程度 ……………………………………… 10

2．特別支援学級の学級数と児童生徒数の推移 …………………………… 12

3．特別支援学級の児童生徒における連続性のある多様な学びの場 ……… 13

第Ⅱ章　学習指導要領を踏まえた特別支援学級経営のポイント

1．特別支援学級の教育課程の編成 ………………………………………… 16

2．特別支援学級の自立活動 ………………………………………………… 16

3．特別支援学級の学びの連続性 …………………………………………… 17

4．特別支援学級の個別の計画と合理的配慮 ……………………………… 17

5．特別支援学級の授業改善とアクティブ・ラーニング ………………… 17

6．特別支援学級の学習評価 ………………………………………………… 18

7．特別支援学級のカリキュラム・マネジメント ………………………… 19

8．特別支援学級の交流及び共同学習 ……………………………………… 20

第Ⅲ章　特別支援学級に在籍する児童生徒の障害の特徴

1．知的障害 …………………………………………………………………… 22

2．肢体不自由 ………………………………………………………………… 24

3．病弱・身体虚弱 …………………………………………………………… 26

4．弱視 ………………………………………………………………………… 28

5．難聴 ………………………………………………………………………… 30

6．言語障害 …………………………………………………………………… 32

7．自閉症・情緒障害 ………………………………………………………… 34

8．その他の障害等 …………………………………………………………… 38

第Ⅳ章　特別支援学級経営のポイント 77 ―Q＆A（264）―

＜教育課程＞

Q1　教育課程の編成／42

Q2　知的障害がある場合の教育課程の編成／44

Q3　週時程の作成／46

Q4　年間指導計画の作成／48

Q5　教科書の種類と選定／50

＜年度始めの準備＞

Q6　教室内のつくり／52

Q7　掲示物と表示／54

Q8　前担任からの引継ぎ／56

Q9　入学式／58

Q10　学級開き／60

Q11　学級通信（第 1 回目）／62

Q12　保護者参観（第 1 回目）／64

Q13　学級懇談会（第 1 回目）／66

Q14　個別面談（第 1 回目）／68

＜学校・学年・学級行事＞

Q15　健康診断／70

Q16　家庭訪問／72

Q17　遠足・小旅行／74

Q18　宿泊学習・修学旅行／76

Q19　校外学習（買い物、施設見学など）／78

Q20　学芸会・学習発表会／80

Q21　音楽発表会／82

Q22　作品展示会・芸術祭／84

Q23　運動会／86

Q24　体育大会・陸上競技大会／88

Q25　卒業式／90

Q26　PTA 行事／92

Q27　保護者参観・学級懇談会・個別面談（2 回目以降）／94

＜交流及び共同学習＞

Q28　交流及び共同学習の意義／96

Q29　通常の学級との交流及び共同学習／98

Q30　学校間、地域社会との交流及び共同学習／100

＜進路指導＞

Q31　キャリア教育／102

Q32　進路指導・進路学習／104

Q33　現場実習・職場体験／106

Q34　進路選択／108

＜個別の計画＞

Q35　個別の教育支援計画と個別の指導計画／110

Q36　合理的配慮と個別の教育支援計画／116

Q37　個別の移行支援計画と引継ぎ／118

＜学習評価＞

Q38　通知表の作成と学習評価／120

Q39　通知表と個別の指導計画との関連／122

Q40　指導要録の作成／124

＜保護者との連携＞

Q41　登下校時の対応／130

Q42　連絡帳による連携／132

Q43　学級通信（2回目以降）による連携／134

Q44　保護者からの要望／136

＜校内教職員との連携＞

Q45　特別支援学級内の教師との連携／138

Q46　学習支援員との連携／140

Q47　通常の学級担任との連携／142

Q48　特別支援教育コーディネーターとの連携／144

Q49　養護教諭との連携／146

Q50　年度末の事務整理と引継ぎ／148

＜福祉・教育機関等との連携＞
Q51　児童相談所との連携／150

Q52　放課後等デイサービス施設との連携／152

Q53　学童保育施設との連携／154

Q54　大学や民間施設との連携／156

Q55　特別支援学校との連携／158

＜就学相談＞
Q56　校内就学支援委員会と特別支援学級への就学判断／160

Q57　通常の学級への転籍／162

Q58　特別支援学校への転校／164

＜授業研究＞
Q59　校内の授業研究の進め方／166

Q60　指導主事訪問への対応／168

＜危機管理＞
Q61　避難訓練／170

Q62　安全教育（生活安全・交通安全）／172

Q63　防災教育／174

＜医療機関との連携・薬物治療＞
Q64　薬物治療の必要性／176

Q65　薬物治療と主治医や保護者との連携／178

Q66　担任の薬物治療支援／180

Q67　てんかん発作と薬物治療／182

Q68　ADHDの児童生徒への薬物治療／184

Q69　代表的な疾患と薬物治療／186

＜アセスメント＞
Q70　実態調査と個別検査の種類／188

Q71　知能指数（IQ）と発達指数（DQ）の意味／192

Q72　WISC-Ⅳと KABC-Ⅱ の個別検査／194

＜障害福祉＞

Q73　障害福祉サービスの種類／196

Q74　障害者手帳の種類／198

Q75　障害者手帳の取得方法／200

Q76　障害者手当と補装具／202

Q77　成年後見制度／204

文献

おわりに

編著者紹介・執筆者一覧

第Ⅰ章

特別支援学級の概要

① 特別支援学級の対象者と障害の程度

　特別支援学級は、学校教育法第81条で以下のように規定されています。第2項には、「その他障害のある者」と明記されていますが、これは「言語障害者」と「情緒障害者」が含まれます（文部科学省初等中等教育局長通達、平成14年5月27日付）。なお、「情緒障害者」は、その後、「自閉症・情緒障害者」と変更となりました（文部科学省初等中等教育局長通達、平成21年2月3日付）。

　つまり、特別支援学級には、「**知的障害**」「**肢体不自由**」「**身体虚弱**」「**弱視**」「**難聴**」「**言語障害**」「**自閉症・情緒障害**」の児童生徒を対象とする7つの障害種があります。

　なお、第3項には、「疾病により療養中の児童及び生徒に対して、特別支援学級を設け」と示されていますが、一般的に病院内に併設された特別支援学級を "院内学級" と呼んでいます。

［学校教育法］
第81条　幼稚園、小学校、中学校、義務教育学校、高等学校及び中等教育学校においては、次項各号のいずれかに該当する幼児、児童及び生徒その他教育上特別の支援を必要とする幼児、児童及び生徒に対し、文部科学大臣の定めるところにより、障害による学習上又は生活上の困難を克服するための教育を行うものとする。
②　小学校、中学校、義務教育学校、高等学校及び中等教育学校には、次の各号のいずれかに該当する児童及び生徒のために、特別支援学級を置くことができる。
　　1　知的障害者　　　　2　肢体不自由者　　　　3　身体虚弱者
　　4　弱視者　　　　　　5　難聴者
　　6　その他障害のある者で、特別支援学級において教育を行うことが適当なもの
③　前項に規定する学校においては、疾病により療養中の児童及び生徒に対して、特別支援学級を設け、又は教員を派遣して、教育を行うことができる。

※下線は筆者による

　特別支援学級の対象者である障害の程度については、これまで『就学指導資料』に示されていましたが、学校教育法施行令の改正等（平成19年4月）に伴う就学手続きの大幅な見直しが行われたことを踏まえて、平成25年10月4日付けで文部科学省初等中等教育局長から都道府県・政令指定都市教育委員会等に対して、就学先決定の手続きを含めた「障害のある児童生徒等に対する早期からの一貫した支援について」を通知し、新たに『教育支援資料』（文部科学省初等中等教育局特別支援教育課、平成25年10月）として示されました。特別支援学級の対象者である障害の程度については、次頁の表1に示した通りです。

第Ⅰ章　特別支援学級の概要

表1　特別支援学級の対象者である障害の程度（教育支援資料、平成25年10月）

障害の種類	障害の程度
知的障害者	知的発達の遅滞があり、他人との意思疎通に軽度の困難があり日常生活を営むのに一部援助が必要で、社会生活への適応が困難である程度のもの
肢体不自由者	補装具によっても歩行や筆記等日常生活における基本的な動作に軽度の困難がある程度のもの
病弱・身体虚弱者	一　慢性の呼吸器疾患その他疾患の状態が持続的又は間欠的に医療又は生活の管理を必要とする程度のもの 二　身体虚弱の状態が持続的に生活の管理を必要とする程度のもの
弱視者	拡大鏡等の使用によっても通常の文字、図形等の視覚による認識が困難な程度のもの
難聴者	補聴器等の使用によっても通常の話声を解することが困難な程度のもの
言語障害者	口蓋裂、構音器官のまひ等器質的又は機能的な構音障害のある者、吃音等話し言葉におけるリズムの障害のある者、話す、聞く等言語機能の基礎的事項に発達の遅れがある者、その他これに準じる者（これらの障害が主として他の障害に起因するものでない者に限る。）で、その程度が著しいもの
自閉症・情緒障害者	一　自閉症又はそれに類するもので、他人との意思疎通及び対人関係の形成が困難である程度のもの 二　主として心理的な要因による選択性かん黙があるもので、社会生活への適応が困難である程度のもの

　しかし、最近の特別支援学級には、就学手続きの見直し、インクルーシブ教育システムの理念、本人・保護者の意見の尊重などにより、障害が重複していたり、表1に示した障害の程度よりも重度な児童生徒も少なからず在籍しています。

　次頁の表2には、小・中学校の特別支援学級に在籍している学校教育法施行令第22条の3に該当する（特別支援学校の対象）児童生徒数を示しました。小学校の特別支援学級には13,943人、中学校の特別支援学級には4,543人が在籍していることになります。障害の重度化・重複化への対応、早期からの適止な就学支援が課題となっています。

表2　小・中学校の特別支援学級に在籍している学校教育法施行令第22条の3に該当する児童生徒数（「特別支援教育資料」平成29年度）

(平成29年5月1日)

区　　分	小学校	中学校	合　計
知的障害	11,399人 (74.1%)	3,789人 (72.7%)	15,188人 (73.7%)
肢体不自由	868人 (5.6%)	258人 (4.9%)	1,126人 (5.5%)
病弱	545人 (3.5%)	184人 (3.5%)	729人 (3.5%)
視覚障害	121人 (0.8%)	43人 (0.8%)	164人 (0.7%)
聴覚障害	234人 (1.5%)	105人 (2.0%)	339人 (1.7%)
重複障害	776人 (5.0%)	164人 (3.1%)	940人 (4.6%)

＊カッコ内の数値が合計100％にならないのは、「通常の学級」にも在籍しているためである。

❷　特別支援学級の学級数と児童生徒数の推移

　次頁の表3には、小・中学校の特別支援学級数及び在籍児童生徒数の推移を示しました。平成29年5月1日現在では、知的障害が27,054学級113,032人、肢体不自由が3,034学級4,508人、病弱・身体虚弱が2,111学級3,501人、弱視が477学級547人、難聴が1,122学級1,712人、言語障害が665学級1,735人、自閉症・情緒障害が25,727学級、110,452人、合計60,190学級235,487人です。なお、医療的ケアが必要な児童生徒は、578学級858人（看護師配当553人）います。

　特別支援教育がスタートした平成19年度と比較した特別支援学級数及び在籍児童生徒数の推移を見ると、学級数が1.6倍、児童生徒数が2.1倍と激増し、最近では年間約3,000学級18,000人も増加していることが分かります。障害種別の学級数を見ると、知的障害（1.3倍）や肢体不自由（1.3倍）よりも、病弱・身体虚弱（2.1倍）、自閉症・情緒障害（2.0倍）、弱視（1.8倍）、言語障害（1.7倍）、難聴（1.6倍）の方がより増加しています。この状況は、就学の手続きが市町村教育委員会に委譲されて設置しやすくなったこと、インクルーシブ教育システムにより地域の小・中学校で教育を望むようになったこと、通常の学級の集団指導において指導の限界や不適応状況から個別指導の必要性や重要性が理解されたこと、特別支援学級の指導について保護者や関係者から評価されてきたこと、などによるものと思われます。

　しかし、これだけ激増しているということは、特別支援学級を担当する教師も増加していることになります。一方、平成29年度現在、特別支援学級の担任の特別支援学校教諭免許状の保有率は、小学校32.2％、中学校27.3％です。つまり、約7割の特別支援学級の担任は、専門の免許状を取得しないままに児童生徒の指導をしていることになります。専門性の向上が喫緊の課題として問われています。

表3　小・中学校の特別支援学級数及び在籍児童生徒数の推移（「特別支援教育資料」平成 29 年度）

年度	知的障害	肢体不自由	病弱・身体虚弱	弱視	難聴	言語障害	自閉症・情緒障害	児童生徒数（学級数）合計
19	66,711 (20,467)	3,991 (2,389)	1,826 (1,008)	330 (261)	1,208 (687)	1,310 (402)	38,001 (12,727)	113,377 (37,941)
20	71,264 (21,139)	4,201 (2,485)	2,012 (1,092)	347 (280)	1,229 (706)	1,411 (450)	43,702 (13,852)	124,166 (40,004)
21	75,810 (21,779)	4,221 (2,536)	2,117 (1,153)	359 (298)	1,216 (714)	1,488 (488)	49,955 (15,099)	135,166 (42,067)
22	80,099 (22,416)	4,265 (2,567)	2,129 (1,190)	373 (309)	1,262 (750)	1,521 (507)	55,782 (16,271)	145,431 (44,010)
23	83,771 (22,955)	4,300 (2,604)	2,270 (1,271)	385 (322)	1,282 (778)	1,491 (503)	61,756 (17,374)	155,255 (45,807)
24	86,960 (23,428)	4,374 (2,665)	2,397 (1,325)	417 (340)	1,329 (828)	1,568 (533)	67,383 (18,524)	164,428 (47,643)
25	90,403 (23,912)	4,299 (2,706)	2,570 (1,488)	442 (365)	1,400 (888)	1,651 (562)	74,116 (19,822)	174,881 (49,743)
26	94,821 (24,640)	4,364 (2,796)	2,773 (1,622)	471 (409)	1,439 (918)	1,608 (561)	81,624 (21,106)	187,100 (52,052)
27	100,215 (25,432)	4,372 (2,846)	3,030 (1,792)	510 (440)	1,518 (996)	1,691 (589)	90,157 (22,491)	201,493 (54,586)
28	106,365 (26,136)	4,418 (2,918)	3,208 (1,917)	552 (470)	1,617 (1,057)	1,708 (621)	99,971 (24,109)	217,839 (57,228)
29	113,032 (27,054)	4,508 (3,034)	3,501 (2,111)	547 (477)	1,712 (1,122)	1,735 (665)	110,452 (25,727)	235,487 (60,190)

③ 特別支援学級の児童生徒における連続性のある多様な学びの場

　特殊教育から特別支援教育に転換されたことにより、特別支援学級でも指導内容・方法の改善、校内支援体制の確立、交流及び共同学習の推進、インクルーシブ教育システムの理念の導入など、様々な取組が行われています。

　障害のある児童生徒に対する教育の場としては、中央教育審議会による『共生社会の形成に向けたインクルーシブ教育システム構築のための特別支援教育の推進（報告）』（平成 24 年 7 月 23 日）において、障害児が健常児と同じ場で共に学ぶことを追求するとともに、教育的ニーズのある児童生徒に対して自立と社会参加を見据えて、その時点で教育的ニーズに最も的確に応える指導を提供できる多様で柔軟

な仕組みを整備することが重要であると指摘しています。そして、その児童生徒の教育の場として、**通常の学級、通級による指導、特別支援学級、特別支援学校**といった連続性のある「多様な学びの場」を示しました（図1）。

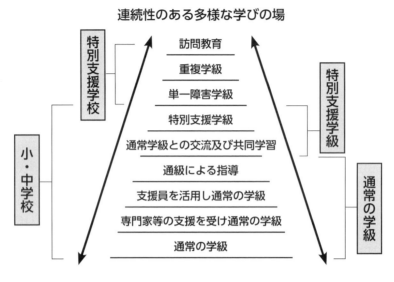

図1　障害のある子供の学びの場（文部科学省）

　平成29年4月に文部科学省から告示された『特別支援学校小学部・中学部学習指導要領』では、「学部段階間及び学校段階等間の接続」についての項目が明記され、これまでの教育と今後の教育との円滑な接続が図られるように工夫するように示されました。また、平成25年10月の『教育支援資料』（文部科学省）では、「本人・保護者の意見を最大限尊重しつつも、それぞれの児童生徒の発達の程度、適応の状況等を勘案しながら学びの場を変更したり柔軟に転学ができるように」と示されています。

　このようなことは、今後予想される特別支援学級の児童生徒が通常の学級へ転籍したり、特別支援学校に転学する場合に、学びの連続性を保障していくことの重要性を意味しています。

第Ⅱ章

学習指導要領を踏まえた特別支援学級経営のポイント

① 特別支援学級の教育課程の編成

　小・中学校の特別支援学級における学級経営にあたっては、在籍する児童生徒の能力や特性に応じて、平成 29 年 3 月に告示された『小学校学習指導要領』『中学校学習指導要領』、及び平成 29 年 4 月に告示された『特別支援学校小学部・中学部学習指導要領』の内容を十分に踏まえることが重要となります。つまり、児童生徒の実態により両者の学習指導要領を適切に取り入れたり使い分けることになります。

　また、障害のある児童生徒に対して障害に応じた特別の指導を行う場合には、「特別の教育課程」によることが学校教育法施行規則第 138 条及び第 140 条に規定されていますし、小・中学校の学習指導要領の第 1 章総則（下の囲み枠）の中にも、特別支援学級における「特別の教育課程」の編成が示されています。「特別の教育課程」を編成する場合においても、小・中学校の目的及び目標を達成しなければならないことを十分に理解していく必要があります。

> (1)　障害のある児童（生徒）などへの指導
> 　(ア)　障害による学習上又は生活上の困難を克服し自立を図るため、特別支援学校小学部・中学部学習指導要領第 7 章に示す<u>自立活動を取り入れる</u>こと。
> 　(イ)　児童（生徒）の障害の程度や学級の実態等を考慮の上、各教科の目標や内容を下学年の教科の目標や内容に替えたり、各教科を、知的障害者である児童（生徒）に対する教育を行う特別支援学校の各教科に替えたりするなどして、<u>実態に応じた教育課程を編成</u><u>する</u>こと。
> 　　　　　　　　　　　　　　　　　　　　　　　　　　　　　　　　　※下線部は筆者による

② 特別支援学級の自立活動

　小・中学校の学習指導要領では、障害による学習上又は生活上の困難を克服し自立を図るため、「自立活動」を取り入れることが強調されました（上の囲み枠）。特に、困難性が高い場合には、週時程の中に "自立活動の時間" における指導を設定するなどして、個々の障害の改善・克服に努めていくことが望まれています。

　「自立活動」については、『特別支援学校小学部・中学部学習指導要領』に、その内容として 6 区分 27 項目が示されていますので、個々の児童生徒の状態や発達の程度等に応じて必要とする項目を選定し、それらを相互に関連付けて指導内容を設定して指導することになります。

　指導にあっては、個々の目標が異なりますので、担任一人で複数の児童生徒を指導する場合でも一斉の集団指導ではなく、"集団の個別化" を図りながら取り組むようにします。

③ 特別支援学級の学びの連続性

学習指導要領の総則の中では、学校段階間の接続が示されました。つまり、「学びの連続性」です。例えば、児童生徒の能力・特性、成長・発達、進学、転居等によって、保育所・幼稚園等から特別支援学級へ、通常の学級から特別支援学級へ、特別支援学級から通常の学級へ、あるいは特別支援学級から特別支援学校へなど、インクルーシブ教育の理念の下で様々な転籍、転学、転校が予想されます。

今後は、児童生徒に対する教育が円滑に接続できるように、教育課程の連続性も保障していくことが求められています。

④ 特別支援学級の個別の計画と合理的配慮

学習指導要領の総則（下の囲み枠）の中には、個別の教育支援計画と個別の指導計画を作成するだけでなく、効果的に活用しなければならないことが示されています。また、個別の教育支援計画には、その作成する過程において発達段階を考慮しつつ、合理的配慮について可能な限り合意形成を図った上で決定し、その内容を明記することが望ましいとされています。さらに、進学や転学等にあたっては、個別の移行支援計画も作成するとより円滑な接続が図られます。

なお、本書では、個別の教育支援計画、個別の指導計画、個別の移行支援計画をまとめて、「**個別の計画**」と称することにします。

> （1） 障害のある児童（生徒）などへの指導
> （Ｉ） 特に、特別支援学級に在籍する児童（生徒）や通級による指導を受ける児童（生徒）については、個々の児童（生徒）の実態を的確に把握し、個別の教育支援計画や個別の指導計画を作成し、効果的に活用するものとする。

⑤ 特別支援学級の授業改善とアクティブ・ラーニング

今回の学習指導要領の改訂にあたっては、「何を、どのように学び、何ができるようになるか」という学びの在り方が重要視されました。そして、「**主体的・対話的で深い学び（アクティブ・ラーニング）**」の視点に立った学習過程（授業）の改善が求められています。

特別支援学級でも、これまでの教育実践の反省として、「子供が自らの力を育み、自ら能力を引き出し、主体的に判断し行動するまでには必ずしも十分に達しているとは言えない状況にある」（中央教育審議会，2015）との指摘を重く受け止めなければなりません。これからの教育は、学んだことを社会や生活の中で活用でき、かつ、生涯にわたって学び続けながら児童生徒の社会的自立・就労を実現しくことが求められます。

　そこで、三浦（2017）は、これまでの学習過程（授業）を改善するためには、5つのポイントが重要であることを指摘しています。

● ポイント1　　全体計画（単元・題材等）の改善
● ポイント2　　目標やねらいの設定の改善
● ポイント3　　実際の授業場面（指導内容・指導方法）の改善
● ポイント4　　学習評価の改善
● ポイント5　　カリキュラム・マネジメントの実行

---

⑥ 特別支援学級の学習評価

　学習指導要領では、一人一人の学習状況を多角的・多面的に評価するために、各教科の目標に準拠した評価の観点が示されていますので、観点別学習状況の評価を活用した学習評価の在り方が重要となります。当然、特別支援学級の児童生徒も同様の考え方です。

　観点別評価については、育成を目指す「資質・能力の三つの柱（①生きて働く、知識・技能の習得、②未知の状況にも対応できる思考力・判断力・表現力等の育成、③学びに向かう力・人間性等の涵養）と関連させながら、「知識・技能」「思考・判断・表現」「主体的に学習に取り組む態度」の3つの観点で評価を実施しながら、その結果を学習指導の改善に生かしていくことが重要となります。さらに、学習過程においても、「主体的な学び」「対話的な学び」「深い学び」といった授業改善につながっているかについて評価することも必要不可欠となります。その他に、「自己評価」をさせることも大切なことです。自己評価により、自分の学習状況を客観的に捉えることができ、成就感や達成感を得ることにもなります。

　学習評価の技法には、次頁の表4に示したように7つの評価モデルがあります（高浦，1998）。特別支援学級の児童生徒には、活動の学習過程、報告書や作品、発表や討論などに見られる学習状況や成果についての良い点、学習に対する意欲や態度、進歩の状況などの総合的に評価することが重要となります。

表4 評価技法の7モデル

ポートフォリオ	蓄積した資料を整理して、子供と対話しながら評価する。
プロフィール	観点別に点数化し、それを見ながら次の課題を設定して評価する。
パフォーマンス	実技・討論・発表などの活動を観察しながら評価する。
プロダクト	作文・レポート・絵画・彫刻等の作品の良さを評価する。
プロセス	学習過程内の興味関心、満足感、課題意識等を評価する。
プロジェクト	あるテーマについて、企画と運営を自己評価する。
パーソナリティ	年表形式で振り返ったり、年間の学習を観点別に評価する。

(高浦，1998より作成)

7 特別支援学級のカリキュラム・マネジメント

　カリキュラム・マネジメントとは、児童生徒の「生きる力」を育むため「育成すべき資質・能力」の育成に向けて、教育課程の編成・実施・評価・改善のPDCAサイクルを展開していくことです。

　中央教育審議会（2015）では、カリキュラム・マネジメントの6本の柱を示しています。また、武富（2017）は、カリキュラム・マネジメントを促進する要因として8本の視点を提案しています。この両者を掛け合わせることにより（図2）、カリキュラム・マネジメントが促進され、特別支援学級に在籍する児童生徒の自立と社会参加を促し、望ましい資質・能力の育成を進めることができのではないでしょうか。

　そして、このカリキュラム・マネジメントは、新学習指導要領で示された"社会に開かれた教育課程"であることが望まれます。

【中教審の6つの柱】
①何ができるようになるか
②何を学ぶか
③どのように学ぶか
④子供一人一人の発達をどのように支援するか
⑤何が身に付いたか
⑥実施するために何が必要か

【武富の8つの柱】
①ビジョン（コンセプト）作り
②スケジュール作り
③場作り
④体制（組織）作り
⑤関係作り
⑥コンテンツ作り
⑦ルール作り
⑧プログラム作り

図2　カリキュラム・マネジメントの促進

⑧ 特別支援学級の交流及び共同学習

　学習指導要領でも、交流及び共同学習のより一層の推進が強調されました。特別支援学級の交流及び共同学習は、主に学校内の通常の学級での実施となりますが、その他、地域の特別支援学級や特別支援学校もあるでしょう。交流及び共同学習を行う際には、教育課程に位置付け、年間指導計画を作成するなど、計画的・組織的に位置付ける必要があります。

　一方、特別支援学級の担任の中には、交流及び共同学習の意味を取り違えていることも少なくありません。例えば、特別支援学級の児童生徒が知的な遅れがなく、通常の学級で交流及び共同学習をしている際に、特別支援学級の担任が「通常の学級担任にお任せ」している場合があります。また、知的な遅れがあるにもかかわらず特別支援学級の中でプリント学習に終始していたり、通常の学級の中で国語や算数・数学等の教科学習をしている場合があります。さらに、通常の学級の中で特別な指導を必要としている児童生徒がいる場合に「通常の学級では指導が困難」と称して、特別支援学級の中で特別支援学級在籍の児童生徒と一緒に学習をさせている場合があります。

　このような光景を見るにつけ、特別支援学級の児童生徒に対してどのような知識・技能等を育成できるのでしょうか。特別支援学級の在籍をもつことの意味を理解する必要があります。特別支援学級の児童生徒の学習保障は、明確にしなければなりません。

第Ⅲ章

特別支援学級に在籍する
児童生徒の障害の特徴

① 知的障害

（1）知的障害の定義

　知的障害の用語は、1958年の文部省（当時）によって「精神薄弱」が定義され、その後、1973年のアメリカ精神遅滞学会（AAMR）の影響を受け「精神遅滞」に、さらに、1999年の「児童福祉法及び知的障害者福祉法」の一部改正により「知的障害」へと変化してきました。

　知的障害とは、「知的機能の発達に明らかな遅れと、適応行動の困難性を伴う状態が、発達期に起こるもの」と示されています（文部科学省，2013）。

　「知的機能の発達に明らかな遅れ」とは、推理、問題解決、抽象的思考などの知的能力が同年齢の子供と比較して平均的水準より有意に遅れていることです。知能機能で言えば、知能指数（IQ）が70～75程度以下（2標準偏差以上）となります。アメリカ精神医学会の診断統計マニュアルのDSM-Ⅳ（1994）では、知的障害の程度が①軽度（IQ50～55からIQ70）、②中度（IQ35～40からIQ50～55）、③重度（IQ20～25からIQ35～40）、④最重度（IQ20～25以下）に区分されていましたが、DSM-5（2013）では、IQ値が示されず、学力、社会性、生活自立の必要性で障害の程度を区分しています。

　「適応行動の困難性」とは、適応能力が十分に育っていないことであり、概念的スキル（言語発達、学習技能）、社会的スキル（対人スキル、社会的行動）、実用的スキル（日常生活習慣行動、ライフスキル、運動機能）などについて、同年齢の段階には至っていないことです。

　「発達期まで」とは、おおむね18歳までとすることが一般的です。しかし、DSM-5では年齢が示されていません。

（2）知的障害特別支援学級の対象

> 　知的発達の遅滞があり、他人との意思疎通に軽度の困難性があり日常生活を営むのに一部援助が必要で、社会生活への適応が困難である程度のもの

　知的障害特別支援学級の対象者は、当該年齢段階で要求される機能に比較して、他人との日常生活に使われる言葉を活用しての会話はほぼ可能ですが、抽象的な概念を使った会話などでその理解が困難となります。また、家庭生活や社会生活で要求される食事、衣服の着脱、排泄、整理整頓、道具の活用などには、ほとんど支障がない程度です。

（3）知的障害の原因

知的障害の原因は、特定することは難しく様々にあります。病因に基づく分類として、生理的要因（知的機能の不全）と病理的要因（遺伝的なもの、外因的なもの）があります。

（4）知的障害の視知覚・認知・行動面の特徴

知的障害者は、中枢神経系に障害がありますので、身体面や運動機能面で制限され、全体の発達が遅れることとなります。特に、運動機能面の遅れは、感覚機能、視知覚機能、認知機能、精神機能、社会性、言語・コミュニケーションなどに影響を及ぼすため、障害が重くなればなるほど遅れも大きくなります。そのため、知的障害者には、身体面や運動機能面の発達を育てていくことが全体の発達も促進させていくことになります。

（5）染色体異常とダウン症候群

染色体異常による知的障害には、ダウン症候群があります。ダウン症候群は、染色体が1本多い47本（通常は常染色体44本、性染色体2本の46本）あります。ダウン症候群には、21番目に1本多いタイプの「21トリソミー型」、余分の21番目の染色体が他の染色体にくっついたタイプの「転座型」、個体の中に正常核型の細胞と21トリソミーの細胞とが混在しているタイプの「モザイク型」があります。

その他の染色体異常によるものとして、「ターナー症候群」や「クラインフェルター症候群」などがあります。

（6）ダウン症候群の特徴

ダウン症候群は、人懐こく穏やかな反面、頑固さも見られます。ダウン症候群の得意な面としては、視空間機能（絵や文字の再生、表情、ジェスチャー）、社会的スキルの獲得、非言語的なコミュニケーション等が挙げられます。不得意な面としては、言語聴覚機能（復唱、言語の不明瞭）、持続性、数概念、運動機能等が挙げられます。また、合併症状として、先天性心臓疾患、視覚障害、肥満など様々ありますので十分な配慮が必要となります。

近年、出生前診断ができるようになり、ダウン症候群もその対象とされています。一方で、出生直後に障害が診断されますので、超早期教育（療育）を実施することで優れた才能を発揮する場合も少なくありません。

② 肢体不自由

（1）肢体不自由の定義

　肢体不自由とは、医学的には「発生原因のいかんを問わず、四肢体幹に永続的な障害があるもの」であり、教育学的には「身体の動きに関する器官が、病気やけがで損なわれ、歩行や筆記などの日常生活動作が困難な状態」と示しています（文部科学省，2013）。

　医学的な「四肢」とは上肢（肩関節から手先まで）と下肢（股関節から足指の先まで）のこと、「体幹」とは脊髄を中心とした上半身のこと、「障害」は姿勢保持と運動・動作に関する機能障害のことを指します。

（2）肢体不自由特別支援学級の対象

> 補装具によっても歩行や筆記等日常生活における基本的な動作に軽度の困難がある程度のもの

　「軽度の困難」とは、肢体不自由特別支援学校への就学対象の程度ではないが、例えば、筆記や歩行等の動作が可能であってもその速度や正確さ、または持続性の点で同年齢の児童生徒と比較して実用性が低く、学習活動、移動等に多少の困難が見られ、小・中学校の通常の学級での学習が難しい程度の肢体不自由があるということです。

（3）肢体不自由の起因疾患

　肢体不自由者の起因疾患としては、機能的側面から最も多いのが脳性疾患（脳性まひ）です。次いで、脊椎・脊髄疾患（二分脊椎）、抹消神経疾患（神経性筋委縮）、筋疾患（進行性筋ジストロフィー）、骨・関節疾患（外傷後遺症、骨形成不全症）、代謝性疾患などです。近年、関節結核、脊椎カリエス、脊椎性小児まひ、先天性股関節脱臼（ペルテス）は減少しています。

（4）肢体不自由者の視知覚・認知・行動面の特徴

　脳性まひの約6割は知的障害があると言われています。四肢まひ（四肢と体幹全体にまひ）の場合には重度の障害になり、片まひ（左右どちらか一方の上下肢にまひ）や対まひ（下肢にまひ）の場合には軽度や中度の障害になることが多いようです。

　認知面では、知覚のかたさ（見方を任意に移行することが困難）、図－地知覚の障害（図となる図形が認知できない）、構成障害（図形の模写が困難）、空間認知の障害（左右上下等の認知が曖昧）が見られます。

行動面では、転導性（感覚刺激に無選択に反応）、抑制困難（刺激に対して運動や行動を抑制できない）、固執性（転換や移動がスムーズにできない）、統合困難（まとまりを全体として捉えられない）を示すことがあります。

（5）脳性まひの特徴

　脳性まひの病型には、痙直型（四肢を屈曲または伸展する際、鉛管を曲げるときのような抵抗感のあるタイプ）、アテトーゼ型（筋緊張が変動しやすいため、姿勢を保てない、視線や指先が定まらない、細かな動作が難しいタイプ）、混合型があります。また、まひの出現する部位により、四肢まひ、対まひ、片まひと言います。脳性まひは、知的障害、言語障害、情緒障害、視知覚機能や認知機能の障害、てんかんなどが重複している場合が多くあります。

（6）筋ジストロフィーの特徴

　筋ジストロフィーは、骨格筋の壊死・再生を主病変とする遺伝性筋疾患の総称です。筋肉の機能に不可欠なタンパク質の設計図となる遺伝子に異変が生じたために起きる病気です。症状は、骨格筋の萎縮と筋力低下で、転倒や動揺性歩行などから歩行困難になり、呼吸不全や心不全を起こすようになります。デュシェンヌ型、ベッカー型、福山型などがあります。

（7）二分脊椎の特徴

　二分脊椎は、脊椎の一部が欠損し、髄膜や神経組織など、脊柱管内にあるべき組織が脱出して背中に嚢胞を作る疾患です。症状は、両下肢の運動障害、感覚障害、膀胱直腸障害（排尿・排便）が見られ、尿路感染症や水頭症を合併することもあります。

（8）ペルテスの特徴

　股関節の大腿骨の頭の部分へ血行が何らかの原因で途絶され、骨の懐死が起こり、骨の強度が弱くなり骨に変形が生じてしまう病気です。

③ 病弱・身体虚弱

（1）病弱・身体虚弱の定義

　病弱とは、「心身の病気のため継続的又は繰り返し医療又は生活規制（生活の管理）を必要とする状態」と示しています（文部科学省，2013）。

　「心身の病気」とは、精神症状や身体症状の病気を指します。また、「生活規制」とは、入院生活上又は学校生活、日常生活上で留意すべきこと等であり、例えば、健康の維持や回復・改善のために必要な服薬や学校生活上での安静、食事、運動等に関してのことです。

　一方、身体虚弱は、「病気ではないが、不調な状態が続く、病気にかかりやすいため、継続して生活規制を必要とする状態」と示しています。病弱や身体虚弱は、このような状態が継続して起こる、又は繰り返し起こる場合に用いられ、風邪のような一時的な病気の場合は該当しません。

（2）病弱・身体虚弱特別支援学級の対象

> 一　慢性の呼吸器疾患その他疾患の状態が持続的又は間欠的に医療又は生活の管理を必要とする程度のもの
> 二　身体虚弱の状態が持続的に生活の管理を必要とする程度のもの

　「疾患の状態が持続的又は間欠的に医療又は生活の管理を必要とする程度」の対象者とは、病気のため医師の診断を受け、持続的又は間欠的に医療又は生活の管理が必要な場合のことです。健康面や生活面への配慮の必要度が低い児童生徒も含まれます。「身体虚弱の状態が持続的に生活の管理が必要とする程度」の対象者は、安全面及び生活面への特別な配慮の必要度が比較的低く、日常生活での著しい制限がないものも含まれます。例えば、身体虚弱の児童生徒が、自宅から小・中学校へ通学しているが、体力が十分でないために健康な児童生徒と同じ時間の授業を受けることが困難である場合や、体育の授業等で激しい運動を必要とする場合に、安全面や健康面に配慮しながら、小・中学校内の特別支援学級で学校生活の基盤を培っていくことなどが挙げられます。

（3）病弱・身体虚弱特別支援学級の設置

　病弱・身体虚弱特別支援学級には、入院中の児童生徒のため病院内に設けられた学級と、入院は必要としないが病弱又は身体虚弱のため特別な配慮や支援が必要な児童生徒のために小・中学校内に設けられた学級の2種類があります。前者の病院内では、特別支援学級が教育を行っているところと病弱特別支援学校の分校・分教

室などが行っているところがあったり、小学校段階と中学校段階で異なる場合もあるほか、病院の状況や各学校の体制等により指導形態が異なることもあるため、就学や転校にあたっては確認しておくことが必要です。

（4）病弱の対象となる病気の種類

病気の種類は、その多くが小児慢性特定疾病対策（医療費助成）の対象疾病です。この対象疾病は、14疾病群722疾病あります。さらに、平成30年4月から成長ホルモン治療が認められました。

疾患区分	疾病種別
悪性新生物	白血病、骨髄異形成症候群、リンパ腫、神経芽種、脳腫瘍等
慢性腎疾患	ネフローゼ症候群、慢性糸球体腎炎、水腎症等
慢性呼吸器疾患	気管支喘息、気管狭窄等
慢性心疾患	心房・心室中隔欠損、ファロー四徴、多脾症／無脾症、心筋症等
内分泌疾患	下垂体機能低下症、成長ホルモン欠損症、甲状腺機能低下症等
膠原病	若年性特発性関節炎、全身性エリテマトーデス、若年性皮膚筋炎等
糖尿病	1型糖尿病、2型糖尿病、その他の糖尿病
先天性代謝異常	アミノ酸代謝異常、骨形成不全症、色素性乾皮症等
血液疾患	血友病、慢性肉芽腫症、原発性免疫不全症等
免疫疾患	複合免疫不全症、先天性補体欠損症等、後天性免疫不全症等
神経・筋疾患	ウエスト症候群、結節性硬化症、亜急性硬化性全脳炎等
慢性消化器疾患	胆道閉鎖症、先天性胆道拡張症等
染色体又は遺伝子に変化を伴う症候群	ルビンシュタイン症候群、ダウン症候群、トリソミー症候群、ウィーバー症候群、歌舞伎症候群、色素失調症等
皮膚疾患群	眼皮膚白皮症、先天性魚鱗癬、表皮水疱症、色素性乾皮症等

（5）最近の病弱・身体虚弱特別支援学級の変化

最近は、身体の病気で入院する児童生徒の入院期間が短期化しており、それに伴い入院中に教育を受ける児童生徒も減少しています。しかし、小児がんのような小児慢性特定疾患治療研究事業の対象である疾患の中には、まだまだ長期間の入院を必要とするものもあります。また、強い焦燥感や不安、興奮、抑うつ症状、倦怠感などの行動障害を引き起こす精神疾患等によって、入院や通院、施設入所等を必要とする児童生徒が増えてきています。また、人工呼吸器等の医療機器が小型化し携帯できるようになってきたこと、社会全体や各家庭の衛生環境が整ってきたこともあり、在宅医療が進んできています。

④ 弱視

（1）視覚障害の定義

視覚障害とは、「視機能の永続的な低下により、学習や生活に支障がある状態をいう。学習では、動作の模倣、文字の読み書き、事物の確認の困難等がある。また、生活では、移動の困難、相手の表情等が分からないことからのコミュニケーションの困難等がある。」と示しています（文部科学省，2013）。

視機能が低下していても、それが何らかの方法もしくは、短期間に回復する場合は視覚障害とは言いません。また、片眼だけに視機能の低下がある場合や医療によって視機能が回復する場合も視覚障害とは言いません。

（2）弱視特別支援学級の対象

> 拡大鏡等の使用によっても通常の文字、図形等の視覚による認識が困難な程度のもの

「視覚による認識が困難な程度のもの」とは、小・中学校の通常の学級に在籍する児童生徒に比べて通常の文字等の認識に時間を要するとともに、特定の教科等の学習が通常の学級においては支障があり、かつ障害による学習上又は生活上の困難を改善・克服するための指導が系統的・継続的に必要な児童生徒を指しています。

一般に両眼の矯正視力が0.3程度まで低下すると（視覚障害特別支援学校の対象者は「おおむね0.3未満のもの」）、黒板や教科書の文字や図などを見るのに支障を来すようになり、教育上特別な支援や配慮が必要になります。

（3）弱視特別支援学級の設置

弱視特別支援学級（以下、弱視学級）は、弱視の児童生徒のために小・中学校において特別に設置されている学級です。弱視学級においては、弱視の児童生徒の見やすい学習環境を整えることが重要です。

例えば、保有する視力を最大限に活用できるようにするための特別の指導や配慮をしながら各教科等の指導を行います。具体的な学習環境としては、教室の全体照明や机上照明を整えて一人一人にあった照度を調整する、直射日光を避けたり教室の照度を調節したりするためのカーテン等を設置する、楽な姿勢で読書や作業を行うことのできる机や書見台を整備する、反射光による眩しさを抑えることができる黒板を設置する等が考えられます。また、文字や絵などを大きくはっきりと提示して明確に認識できるようにするため、拡大教科書や拡大教材を有効に活用するとともに、拡大読書器や各種弱視レンズ類等の視覚補助具を整備することも必要となります。さらに、視覚によって明確に認知することができるようにするための教材・

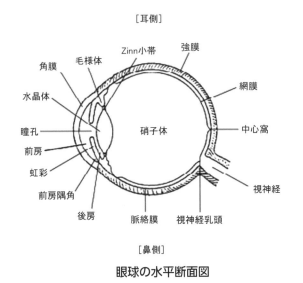
眼球の水平断面図

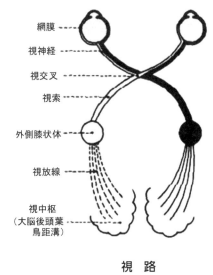
視　路

「特別支援教育資料」より

教具の工夫も行うようにします。
（4）視覚障害の分類
　視機能には、視力（ものの形などを見分ける力）、視野（正面を見ている場合に、同時に上下左右などの各方向が見える範囲）、色覚（色を見分ける）、光覚（暗い所や明るい所でも目が慣れる）などの各種機能があります。視覚障害とは、視力障害、視野障害、色覚障害、光覚障害（明順応障害、暗順応障害）などを言います。
（5）視覚障害の原因
　視覚障害は、眼球及び視路（視神経から大脳視覚中枢までを含む）で構成されている、視覚機構のいずれかの部分の障害によって起こります。
　児童生徒に見られる視覚障害の主要な原因疾患としては、小眼球、先天白内障、先天緑内障、視神経萎縮、網膜色素変性、網膜黄斑変性、網膜芽細胞腫、未熟児網膜症、強度近視などがあります。
　日常生活や学習等においては、それぞれの児童生徒の眼疾患に伴う視機能障害の特徴を踏まえて、指導上の配慮や医学的な管理を行うようにすることが大切です。
（6）最近の弱視特別支援学級の変化
　近年の情報機器の発達により、弱視学級の児童生徒への教育では、ICT機器を活用して、学習や生活上の困難や不便さを改善・克服するための指導や配慮が見られます。iPadなどのタブレット端末や電子教科書の使用などは一例でしょう。それに伴って、弱視学級の児童生徒への就学指導（教育支援）や入試なども様変わりしてきています。

⑤ 難聴

（1）聴覚障害の定義

　聴覚障害とは、「身の周りの音や話し言葉が聞こえにくかったり、ほとんど聞こえなかったりする状態」を言います（文部科学省，2013）。したがって、聴覚障害者は、聴覚機能の永続的低下と環境との相互作用で様々な問題点が生じています。聴覚機能の低下が乳幼児期に生じると、言語発達やコミュニケーション技能上に、また、学習の習得や社会参加に種々の課題を生じる一因となります。

（2）難聴特別支援学級の対象

> 補聴器等の使用によっても通常の話声を解することが困難な程度のもの。

　難聴特別支援学級は、聴覚障害が比較的軽く、主として音声言語（話し言葉）の受容・表出（聞くこと・話すこと）について、教育上特別な支援や配慮をすれば、通常の教育課程や指導方法によって学習が進められるような児童生徒を対象としています。

　「話声を解することが困難な程度」とは、補聴器等を使用した状態で通常の会話における聞き取りが部分的にできにくい状態を意味しています。小・中学校での特定の教科等の学習において、聴覚活用や音声言語の理解について支障があり、かつ障害を改善・克服するための特別な指導を系統的・継続的に行う必要のある児童生徒です。

（3）聴覚障害の分類

　障害部位による分類では、聴覚器官のどの部位に原因があるかによって、伝音難聴（外耳、中耳）と感音難聴（内耳、聴覚伝導路、聴覚中枢）に分けられます。両者併存を混合性難聴と言います。伝音難聴では、音が小さく聞こえるだけですが、感音難聴では、音がひずんで聞こえることが多いです。

　障害の程度による分類では、障害の程度には、かすかな音や言葉を聞き取るのに不自由を感じるが、日常の生活にはほとんど支障のないものから、身近にあるいろいろな音や言葉が全く聞こえないものまであり、その程度によって軽度難聴、中等度難聴、高度難聴及び最重度難聴に分けられます。

　聴力型による分類では、各周波数の聴力レベルの相互関係から、水平型、低音障害型、高音障害漸傾型、高音障害急墜型、dip 型の類型に分けられます。

　障害が生じた時期による分類では、いつ障害が発生したかによって、その後の諸発達の様相は著しく異なります。出生前に障害が生じたか、出生後に生じたかによ

って、先天性と後天性に分けられますが、教育においては、言語習得以前に聴覚障害が生じた（言語習得期前難聴）のか、それ以後（言語習得期後難聴）かということが、教育的対応を行う上で重要です。

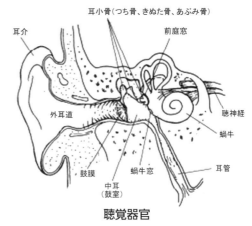

聴覚器官

「特別支援教育資料」より

環境音や人の音声の大きさと聴力レベル　　（正常は25dB以下）

深夜の郊外	ささやき声	0～20dB
静かな事務所	普通の会話	30～50dB
静かな車の中		60dB
騒がしい事務所	大声の会話	70dB
セミの声	叫び声	80dB
電車の通るガードの下	30cm近くの叫び声	100dB
車の警笛		110dB
ジェット機の騒音	30cm近くのサイレン	120dB

（4）聴覚障害の原因

　聴覚障害発生の原因が遺伝的素因によるのか、聴覚器官が病的侵襲を受けたためなのかによって「遺伝性」と「獲得性」に分けられます。獲得性の聴覚障害では、侵襲を受けた時期によって胎生期、周産期、生後性（後天性）に分けられます。原因については現段階で不明なものもあります。

（5）補聴器と人工内耳

　補聴器は、音を増幅して話声の聴取を援助する機能を備えた携帯型の医療機器で、通常マイクロホン、電子回路、イヤホンで構成されます。外観上から、ポケット型、耳かけ型、耳あな型、眼鏡型などに分類されます。また、FM電波（FM補聴器）や電磁ループ等を用いて教師の声を直接補聴器に伝えることができるシステムが併用される場合があります。

　人工内耳は、90dB以上の高度難聴で、少なくとも6か月間補聴器を試みても聴覚活用ができない場合に手術での適応となります。人工内耳では手術で蝸牛に電極（インプラント）を埋め込み、外部装置（プロセッサ）を調整して装用します。いずれも、安定して60dB程度以下が聞き取れるように調整することが必要となります。

⑥ 言語障害

（1）言語障害の定義

　言語障害とは、「発音が不明瞭であったり、話し言葉のリズムがスムーズでなかったりするため、話し言葉によるコミュニケーションが円滑に進まない状況であること、また、そのため本人が引け目を感じるなど社会生活上不都合な状態である」と示しています（文部科学省，2013）。

　言葉の発達の遅れは、知的障害、難聴、肢体不自由（特に脳性まひ）、発語器官のまひや変形、てんかん、その他の小児神経学的問題、自閉症・情緒障害などのほか、その他各種の環境的な問題に起因することがあり、原因の特定は難しい場合があります。

（2）言語障害特別支援学級の対象

> 　□蓋裂、構音器官のまひ等器質的又は機能的な構音障害のある者、吃音等話し言葉におけるリズムの障害のある者、話す、聞く等言語機能の基礎的事項に発達の遅れがある者、その他これに準じる者（これらの障害が主として他の障害に起因するものでない者に限る。）で、その程度が著しいもの。

　学校教育において、構音障害や吃音等の話し言葉に障害のある児童生徒に対する指導は、一般に「通級による指導」により行われています。しかし、言語障害の児童生徒の中には、言語機能の基礎的事項に発達の遅れがあり、かなりの時間、特別な指導を必要としたり、また、言語障害の状態の改善・克服を図るため心理的な安定を図る指導を継続的に行ったりする必要性があることから、「通級による指導」では十分でなく、より配慮を要する障害の状態の児童生徒がいます。こうした児童生徒に対しては、言語障害特別支援学級の中で言語障害の状態の改善の指導を適切に行うと同時に、言語障害にかかわる教科指導等の配慮を、より手厚く充実させて指導することが必要となります。

（3）言語障害の分類

　言語障害については、一般に、①耳で聞いた特徴に基づく分類（発音の誤り、吃音など）、②言葉の発達という観点からの分類（話す、聞く等言語機能の基礎的事項における発達の遅れや偏りなど）、③原因による分類（口蓋裂、聴覚障害、脳性まひなど）の基準で分類されることが多いようです。

（4）原因からの分類

　構音障害とは、話し言葉の使用において、「りんご」を「いんご」、あるいは「みかん」を「みたん」などのように、一定の音をほぼ習慣的に誤って発音する状態を指しま

す。 構音障害は原因となる事柄から、器質性構音障害と機能性（発達性）構音障害に分類されます。

器質性構音障害は、口唇、舌、歯等の構音器官の構造や、それらの器官の機能の異常が原因となって生ずる構音障害で、口蓋裂などが例です。

機能性（発達性）構音障害は、聴覚、構音器官などに器質的疾患がなく、成長過程での構音の習得において誤った構音が固定したと考えられる障害で、音韻障害と呼ばれることもあります。

（5） 音声的な特徴からの分類

耳で聞いた際の音声的な特徴から分類すると、構音障害のタイプとしては次のようなものが挙げられます。

置　　換	「さかな」（[sakana]）を「たかな」（[takana]）と間違えるように、ある音が他の音に置き換わる構音障害のタイプを指します。この例では [s] 音が [t] 音に置き換わっています。
省　　略	「ラッパ」（[rappa]）を「アッパ」（[appa]）等と発音するように、必要な音を省略して発音する構音障害のタイプを指します。この場合は、[r] 音が省略されています。
ひずみ	ある音が不正確に発音されている状態で、日本語にない音として発音されます。音声記号で表すことは難しい「[ta] と [ka] の中間」などの場合があります。

（6） 吃音

吃音とは、自分で話したい内容が明確にあるのにもかかわらず、また構音器官のまひ等がないにもかかわらず、話そうとするときに、同じ音の繰り返しや、引き伸ばし、声が出ないなど、いわゆる流暢さに欠ける話し方をする状態を指します。現在のところ、原因は不明です。

吃音のある児童生徒は、話すときに、身体全体を硬直させたり、身体の一部を動かすなどの随伴症状を呈したり、自分の話し方を恥じ、それを隠そうとしたり、回避しようとして他者と話そうとしなくなり、結果的にひきこもってしまったりするなど、情緒的な発達や社会性の発達に大きな影響を与えることがあります。

❼ 自閉症・情緒障害

（1）自閉症の定義

　自閉症とは、「①他人との社会的関係の形成の困難さ、②言葉の発達の遅れ、③興味や関心が狭く特定のものにこだわることを特徴とする発達の障害である。その特徴は、3歳くらいまでに現れることが多いが、小学生年代まで問題が顕在しないこともある。中枢神経系に何らかの要因による機能不全があると推定されている。」と示されています（文部科学省，2013）。

　高機能自閉症とは、知的発達の遅れを伴わない自閉症を指します。また、アスペルガー症候群（アスペルガー障害）とは、自閉症の上位概念である広汎性発達障害の一つに分類され、知的発達と言語発達に遅れはなく、上記3つの自閉症の特性のうち、コミュニケーションの障害が比較的目立たちません。アスペルガー症候群のコミュニケーションの特徴としては、一方的に自分の話題中心に話し、直接的な表現が多く、相手の話を聞かなかったり、また相手が誰であっても対等に話をしたりすることがあります。

　現在は自閉症を細分化せずに、「自閉症スペクトラム障害」（ASD）としています。

（2）情緒障害の定義

　情緒障害とは、「状況に合わない感情・気分が持続し、不適切な行動が引き起こされ、それらを自分の意思ではコントロールできないことが継続し、学校生活や社会生活に適応できなくなる状態」と示されています（文部科学省，2013）。

　情緒障害の現れ方としては、自分でも何が原因か、何に自分がこだわっているのかにも気づかず、外出しない状態が長期化することで、閉じこもるような傾向が強くなったり、適切な対人関係が形成できなかったりする一方で、他人を攻撃したり、破壊的であったりするような行動も見られます。さらに、多動、常同行動、チックなどとして現れる場合もあります。

（3）自閉症・情緒障害特別支援学級の対象

> 一　自閉症又はそれに類するもので、他人との意思疎通及び対人関係の形成が困難である程度のもの
> 二　主として心理的な要因による選択性かん黙等があるもので、社会生活への適応が困難である程度のもの

　自閉症・情緒障害特別支援学級は、平成21年に従前の「情緒障害特別支援学級」の対象であった自閉症と情緒障害を区別することから名称変更されました。

　自閉症・情緒障害特別支援学級の対象とする児童生徒は、自閉症又はそれに類す

るもののために、意思疎通や対人関係、行動に問題が認められ、通常の学級での学習では成果を上げることが困難であり、特別な教育内容・方法による指導を必要とする場合です。また、主として心理的な要因の関与が大きいとされている社会的適応が困難である様々な状態を総称するもので、選択性かん黙、不登校、その他の状態（重症型のチックで薬物療法の効果が見られない事例など）の児童生徒です。

「他人との意思疎通が困難である」とは、一般にその年齢段階に標準的に求められる言語等による意思の交換が困難であるということです。知的障害を伴う自閉症の特性として、言語が全くなかったり、言葉の発達の遅れや特異な使用が見られたりします。また、身振り等で意思を伝達することが不得手であったり、質問に対してその質問文のまま返したりなどの傾向も見られます。そうした相手からの言葉の意味を理解したり、それに応じた意思を伝達したりすることができないか、又は可能ではあるが、他人との会話を開始し、受け答えをしながら継続する能力に明らかな困難性があります。

「対人関係の形成が困難」とは、他人から名前を呼ばれたことに気が付いて振り向く、他人からの働きかけに応じて遊ぶ、自分や他人の役割を理解し協同的に活動する、他人の考えや気持ちを理解し友達関係や信頼関係を形作ることなどが、一般にその年齢段階に求められる程度に至っていない状態のことです。

「社会生活への適応が困難」とは、他人とかかわって遊ぶ、自分から他人に働きかける、集団に適応して活動する、友達関係をつくり協力して活動する、決まりを守って行動する、他人とかかわりながら生活を送ることなどが、一般にその年齢段階に求められる程度に至っていない状態のことです。

なお、知的障害を併せ有する場合には、障害の状態に応じて、「知的障害特別支援学級」で教育を受けることについて検討することが必要です。

（4）自閉症の原因

自閉症の原因はまだ明らかではありませんが、何らかの因子が胎児期から生後の早い時期までに、脳の機能の一部に影響を及ぼすと考えられています。それは、自閉症の一部に知的発達の遅れ、てんかんや脳波異常を認めることがあることからも推測されます。しかし、自閉症の中で、特に知的障害を伴わず日常生活にも大きな支障を来していない場合には、特定の脳機能障害というよりは、素因に基づく一つの個性という見方をする考え方もあります。

なお、男子に多い傾向があり、以前は、原因として親子関係の不全を重視する考えがありましたが、現在は否定されています。

（5）情緒障害の原因

情緒障害の原因としては、従来、主として人間関係の軋轢などの心理的な要因と、

中枢神経系の機能障害や機能不全が想定されてきました。情緒障害が発生する背景には、軽微な発達上の問題が存する可能性は否定できませんが、自閉症及びそれに類するもの（例えば、アスペルガー症候群）は、情緒障害とは異なるものとしています。

（6）自閉症の行動特徴

① 対人関係

　視線が合わない、名前を呼んでも振り向かない、人を意識して行動することや人に働きかけることが見られないなど、人へのかかわりや人からの働きかけに対する反応の乏しさが幼児期に見られます。

② 感覚刺激への特異な反応

　ある種の刺激に特異的に興味を示す反面、別の刺激には極端な恐怖を示すことがあります。例えば、低周波律動音（空調機器、エレベーター）、光るもの（銀紙、セロファン）などが好まれる場合があります。また、種々の感覚を同時に処理することが不得手であり、姿勢を制御することに意識が集中すると、その他の働きかけには注意を向けられないことなども指摘されています。

③ 食生活の偏り

　極端な偏食があり、ほんの数種類の食物以外は他一切食べないという状態が何年も続くことがあります。偏食については、低年齢段階によく見られますが、成長とともに改善されることが多いようです。

④ 自傷等

　混乱、欲求不満、脅威等に対して、自傷等の行動をとることがあります。自傷については、例えば、頭や顔を自分で殴打する、壁に打ち付ける、あるいは指を噛むなどの行動ですが、それが激しい場合は負傷することもあります。また、本人にとって耐えられない音刺激を手などで耳をふさいで遮断しようとする行動が見られますが、やがて音刺激とは無関係に嫌悪状況に対する回避や防衛反応としての意味を帯びてくる場合が多いようです。

⑤ 多動

　多動と見なされる行動がしばしば見られます。それは、その行動の予測がつかない、規制などの対応がしにくい、危険を回避する機能が十分に働いていないという側面が多いからです。また、集団行動においては、そうした行動が目立ち、目が離せない、手が離せないという状態を強いることが多くなります。このような多動性は、加齢に伴い、また適切な教育により改善することが多いようです。それは、状況や状況の変化を理解して行動できる範囲の拡大に伴って、行動にまとまりが見られたり、行動の特性に関する周囲の理解が深まり、より有効な支援が可能となる

からです。なお、最近は、多動のある自閉症では、注意欠陥多動性障害（ADHD）を伴っている場合も少なくないようです。

（7）情緒障害の行動特徴

　情緒障害のある児童生徒の場合には、以下のような行動上の問題が生じます。食事（拒食、過食、異食など）、睡眠（不眠、不規則な睡眠習慣など）、排泄（夜尿、失禁など）、性（性への関心や対象の問題など）、神経性習癖（チック、髪いじり、爪かみなど）、対人関係（引っ込み思案、孤立、不人気、いじめなど）、学業不振、不登校、反社会的傾向（虚言癖、粗暴行為、攻撃傾向など）、非行（怠学、窃盗、暴走行為など）、情緒不安定（多動、興奮傾向、かんしゃく癖など）、選択性かん黙、無気力などです。

　これらの具体的な行動上の問題は、いくつかが組み合わさって現れることがほとんどです。例えば、日常的に失敗経験が多く、叱責を受けることが多い場合は、行動が抑制されて無気力な状況が生じやすくなり、その結果、学校内での孤立や学業不振、あるいは怠学といった問題が生じることがあります。

8 その他の障害等

（1）学習障害（LD）

① 学習障害（LD）の定義

　学習障害（LD：Learning Disabilities）とは、「基本的には、全般的な知的発達に遅れはないが、聞く、話す、読む、書く、計算する又は推論する能力のうち特定のものの習得と使用に著しい困難を示す様々な状態を指すものである。」と示しています（文部科学省，2013）。

　学習に必要な基礎的な能力のうち、一つないし複数の特定の能力についてなかなか習得できなかったり、うまく発揮することができなかったりすることによって、学習上、様々な困難に直面している状態です。

② 学習障害（LD）の行動特徴

　学習障害の児童生徒は、一部の能力の習得と使用のみに困難を示すものであるため、「単に学習が遅れている」あるいは「本人の努力不足によるもの」とみなされてしまい、障害の存在が見逃されやすいです。そこで、早期からの適切な対応が効果的である場合が多いことから、低学年の段階で学級担任がその特性を十分に理解し、適切な指導や必要な支援をすることが重要です。

　次に、他の障害との重複がある場合が多いことがあげられます。学習障害は、中枢神経系に何らかの機能不全があると推定されており、注意欠陥多動性障害や自閉症を併せ有する場合があり、その程度や重複の状態は様々であるので、個々の児童生徒に応じた対応が必要です。

　さらに、他の事項への波及対人関係形成の際に様々な困難が生じる場合があり、結果として不登校や心身症などの二次的な障害を起こす場合があります。

③ 特別支援学級に在籍している学習障害の児童生徒

　7障害特別支援学級の児童生徒の中には、国語、算数・数学、英語の教科で、2学年以上の遅れ（小学校3年生までは1学年以上の遅れ）がある場合もあります。それぞれの障害や行動特性によって学習の習得が制限されたり、学習空白によって特異的な遅れが生じる場合などです。主障害の改善・克服はもちろんのこと、教科の学習も十分身に付けさせなければなりません。

（2）注意欠陥多動性障害（ADHD）

① 注意欠陥多動性障害（ADHD）の定義

　注意欠陥多動性障害（ADHD：Attention-Deficit/Hyperactivity Disorder）とは、「年齢あるいは発達に不釣合いな注意力、又は衝動性・多動性を特徴とする障害で

あり、社会的な活動や学校生活を営む上で著しい困難を示す状態である。通常7歳以前に現れ、その状態が継続するものであるとされている。」と示しています（文部科学省，2013）。

身の回りの特定のものに意識を集中させる脳の働きである注意力に様々な問題があり、また、衝動的で落ち着きのない行動により、生活上様々な困難に直面している状態です。なお、DSM-5では、「12歳までに存在していた。」と変更されました。

② **注意欠陥多動性障害（ADHD）の行動特徴**

注意欠陥多動性障害の児童生徒は、不注意、又は衝動性・多動性の状態を示すことがあることから、「故意に活動や課題に取り組むことを怠けている」あるいは「自分勝手な行動をしている」などとみなされてしまい、障害の存在が見逃されやすいです。そこで、幼児期からの障害の見極めや早期の適切な対応（医療受診など）が効果的です。

また、他の障害との重複がある場合が多く、例えば、衝動性のために文字が乱雑になり「学習障害（書き）」、不注意のために学習内容を聞いていなかったり忘れたりすることから「学習障害（算数)」になる場合もあります。また、自閉症を併せ有する場合もあります。

さらに、ソーシャルスキルの習得、対人関係形成の際に様々な困難が生じる場合があり、さらに、反抗挑戦性障害や行為障害などを併存することがあるので、専門機関との連携を密に図る必要があります。

③ **特別支援学級に在籍している注意欠陥多動性障害の児童生徒**

自閉症・情緒障害や病弱の特別支援学級の中には、注意欠陥多動性障害を併せ有する児童生徒がいるかもしれません。強い衝動性や多動性がある場合には、行動療法や薬物治療を行うことで障害の改善・克服をしていきます。障害の自己理解をさせていくことが必要不可欠です。

第Ⅳ章

特別支援学級経営の
ポイント 77
－Q&A（264）－

フローチャートの見方

Q＆Aの左ページでは、質問に対する回答が一目で分かるように、フローチャートで示しました。フローチャートの記号の意味は以下の通りです。基本的に下方へ進みますが、菱形では判断（選択）しますので、YES（下方へ進む）、又はNO（戻る、又は別の判断をして進む）に分かれます。

スタートとゴールは「丸角の長方形」　　　　　　　　　　　「作業（項目）」は長方形

判断（選択）は「菱形」　　　　　データは「並行四辺形」　　　　資料は「書類形」

Q1 教育課程の編成

Q1-1 特別支援学級の教育課程の編成は、どのように設定するのですか。

A1-1 　教育課程の編成は以下のようなフローで進めます。児童生徒の障害の程度や実態等により、おおよそ3つのパターンに分かれます。

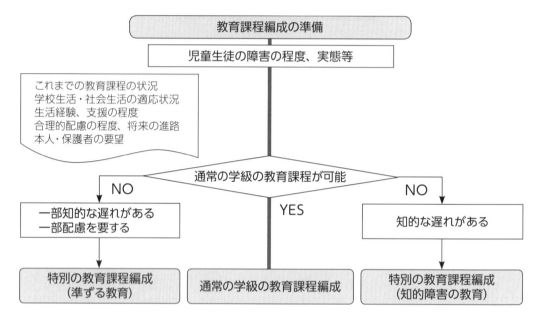

■小・中学校（通常の学級）と特別支援学校の教育課程の基本構造

＊特別支援学級の教育課程は、児童生徒の障害の程度と実態等に応じて、小・中学校（通常の学級）や特別支援学校の教育課程を参考にしながら編成します。

第Ⅳ章　特別支援学級経営のポイント 77

教育課程

Q1-2　特別支援学級の教育課程編成の考え方を教えてください。

A1-2　小・中学校の特別支援学級の教育課程は、基本的に小・中学校の学習指導要領によって編成されることになります。しかし、特別支援学級の児童生徒の中には、障害の程度や実態等により通常の学級の教育課程と同じものを適用することは必ずしも適切でない場合があります。そこで、障害のある児童生徒の可能性を最大限に伸ばし、持っている力を十分に発揮することができるようにするため、特別な配慮のもとに、きめ細かな教育を行います。学校教育法施行規則第138条には、特別支援学級について「特別の教育課程によることができる」と規定されています。また、小・中学校の学習指導要領の総則には、特別支援学級において実施する特別の教育課程について、次のように編成することが述べられています。

（ア）　障害による学習上又は生活上の困難を克服し自立を図るため、特別支援学校小学部・中学部学習指導要領第7章に示す<u>自立活動を取り入れること</u>。
（イ）　児童（生徒）の障害の程度や学級の実態等を考慮の上、各教科の目標や内容を<u>下学年の教科の目標や内容に替えたり</u>、各教科を、知的障害者である児童（生徒）に対する教育を行う<u>特別支援学校の各教科に替えたり</u>するなどして、実態に応じた教育課程を編成すること。
　　　　　　　　　　　　　　　　　　　　　　　　　　　　　　（下線は筆者による）

Q1-3　教育課程の編成で、「自立活動」は週時程の中に設定するのですか。

A1-3　学習指導要領の総則には、上記に示したように「自立活動を取り入れること」と明記されています。障害による学習上又は生活上の困難を克服し自立を図るための考えの下、週時程の中に自立活動を設定します（自立活動の時間における指導）。また、知的障害特別支援学級でも同様な考えで、可能な限り「自立活動」を設定することをお勧めします。いずれも、特別支援学校の学習指導要領にある自立活動の内容（6区分27項目）を参考にして個別の指導計画に基づいて指導します。

Q1-4　連続性のある教育課程とは、どのようなことですか。

A1-4　通常の学級から特別支援学級への転籍、特別支援学校から特別支援学級への転校など、児童生徒の障害の程度や実態等により「柔軟に転学できる」こととなりました。児童生徒がこれまで学んできた学習内容が継続して学習できるよう、教科等との連続性・系統性を図ることが求められています。「何を学ぶか」を明確にし、「どのように学ぶとよいか」を検討しながら教育課程の編成をすることが重要となります。

43

Q2 知的障害がある場合の教育課程の編成

Q2-1 知的障害特別支援学級、又は他の障害があり知的障害を併せ有する場合の教育課程の編成は、どのようにすればよいですか。

A2-1 知的な遅れの程度により、特別支援学校の学習指導要領も参考にして教育課程を編成します。以下のようなフローで作成していきます。

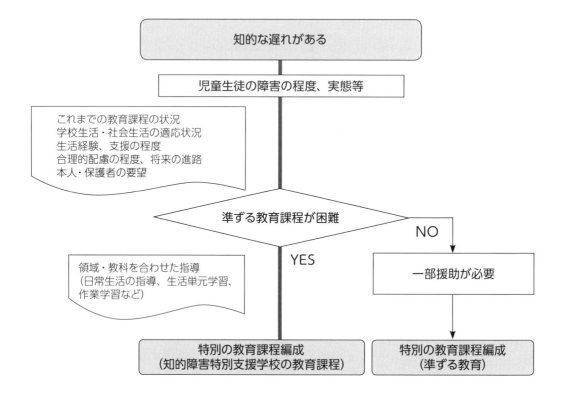

■知的障害特別支援学級、又は他の障害があり知的障害を併せ有する場合の教育課程の編成

知 的	教科学習が困難な場合には、「日常生活の指導」「生活単元学習」「作業学習」など、領域・教科を合わせた指導も取り入れるとよいでしょう。
肢 体	上記に示した教科等を合わせた指導のほかに、「自立活動」を時程表に設定して、併せて障害の改善や克服に努めます。 知的障害を併せ有する場合の在籍は、基本的に「知的障害特別支援学級」となります。
病 弱	
弱 視	
難 聴	
言 語	
自 情	

第Ⅳ章　特別支援学級経営のポイント77

教育課程

Q2-2　知的障害特別支援学校では、どのような教育課程の編成をしますか。

A2-2　特別支援学校学習指導要領には、知的障害のある児童生徒の基本的な教育課程の編成について示しています。

小学部	・生活、国語、算数、音楽、図画工作及び体育の各教科、道徳科、特別活動並びに自立活動については、特に示す場合を除き、全ての児童に履修させるものとする。 ・外国語活動については、児童や学校の実態を考慮し、必要に応じて設けることができる。
中学部	・国語、社会、数学、理科、音楽、美術、保健体育及び職業・家庭の各教科、道徳科、総合的な学習の時間、特別活動並びに自立活動については、特に示す場合を除き、全ての生徒に履修させるものとする。 ・外国語科については、生徒や学校の実態を考慮し、必要に応じて設けることができる。

Q2-3　知的障害特別支援学級では、「生活単元学習」等を必ず取り扱わなければならないのですか。

A2-3　知的障害の児童生徒には、従来から教科等を合わせて授業を行う「日常生活の指導」「生活単元学習」「作業学習」等を取り入れていることも少なくありません。しかし、各教科や領域ごとに指導することを前提とすることが重要であり、「特に必要があると判断」した場合に、「合わせて授業を行う」ことを選択し、その根拠を示すことです。

Q2-4　教科における各段階の目標及び内容は、どのように示されていますか。

A2-4　学習指導要領では、各学部の教科において各段階共通に示している目標を小学部3段階、中学部2段階、高等部2段階へと6段階に積み上げて示しています。児童生徒の実態や興味・関心、生活経験等を考慮し、各教科の段階の内容の中から実際に指導する内容を選定し、適切に組み合わせ、単元や題材としてまとめ配列します。指導に当たっては、児童生徒の実態に即して、生活に即した活動を十分に取り入れつつ段階的に指導します。

Q2-5　小学校の「生活科」と知的障害特別支援学校の「生活科」は、同じ内容と捉えてよいですか。

A2-5　基本的に両者は、異なります。小学校の「生活科」は、自分と社会とのかかわり方、自分と自然とのかかわり方、活動・表現技能の習得を目標としているのに対して、知的障害特別支援学校の「生活科」は、自立的な生活をするための基礎的能力と態度を育てるために、基本的生活習慣など実際の生活に必要なものを指導します。

Q3 週時程の作成

Q3-1 特別支援学級の週時程は、どのように配分すればよいですか。

A3-1 指導の形態名（教科や領域）が決定された後は、指導時数に応じて、週時程表に配分していきます。規則的で週や一日の流れが分かることや、「交流及び共同学習」の時間も考慮して組み込みます。

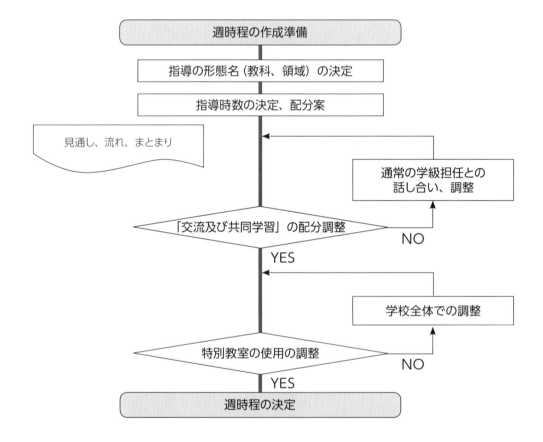

■週時程の配分の仕方

知　的	教科等を帯状（毎日同じ時間帯）に配分したり、２コマ連続授業を設定するなど、まとまりや見通しがもてるように工夫します。
肢　体 病　弱 弱　視 難　聴 言　語 自　情	「交流及び共同学習」を多く設定する場合には、通常の学級での週時程に合わせるように調整し配分します。また、担任が通常の学級で児童生徒に付き添って指導可能かも考えて設定します。 「自立活動の時間における指導」は、児童生徒の体調の変化や疲労度等を考慮しながら適切に配分します。

第Ⅳ章　特別支援学級経営のポイント77

教育課程

Q3-2 知的障害特別支援学級の週時程は、どのような考え方で作成すればよいですか。

A3-2 　知的障害特別支援学級の週時程の作成では、授業時数の配当をもとに、学級や児童生徒の実態を十分に考慮して円滑な教育課程の運営がなされるように計画を立てていきます。

　一日の流れの中で、必要不可欠な学習内容の配分を行い、学習活動を学習能力の個人差に応じて展開できるように工夫します。また、児童生徒が自ら、見通しをもって行動できるよう、日課や学習環境などを分かりやすくし、規則的でまとまりのある学校生活が送れるようにします。さらに、「交流及び共同学習」についても、児童生徒の実態に応じて目的や内容を検討し、週時程の配分を行います。

【小学校特別支援学級の週時程例 (知的)】

	月	火	水	木	金
1	日常生活の指導				
2	算数	国語	国語	国語	国語
3	図画工作	*音楽*	生活単元	算数	*生活単元*
4		算数		*体育*	
5	*体育*	道徳	算数	外活	*音楽*
6	総学	自立			学活

※日常生活の指導、生活単元学習を設定し、各教科については知的障害特別支援学校の内容を取り入れている。また、体育、音楽を交流学級で受けている。

【中学校特別支援学級の週時程表例 (知的)】

	月	火	水	木	金
1	国語	数学	国語	数学	国語
2	英語	英語	数学	英語	道徳
3	社会	作業学習	*生活単元*	作業学習	*美術*
4	理科				*美術*
5	*保体*	自立	*保体*	社会	*保体*
6	*音楽*	総学	*音楽*	理科	学活

※生活単元学習、作業学習を設定し、各教科については知的障害特別支援学校の各教科の内容を取り入れている。また、保健体育、音楽、美術を交流学級で受けている。

Q3-3 特別支援学級では、同学年の児童生徒が同じ時程表となっていることがありますが、一斉指導についてどのように考えたらよいですか。

A3-3 　教育課程は、同学年であっても障害の程度や実態等が異なりますから、個別に編成されるものです。例えば、特別支援学級に同じ学年の児童生徒が複数在籍している場合、教科等の学習において、複数に同じ個別目標を設定し、同じ内容を指導することは好ましくありません。特に知的障害を有する児童生徒には、個別的な対応が基本となりますので、「集団の中での個別化」を考えて授業を組み立てていくことが重要です。集団での一斉指導に見えても個別目標は全員異なります。なお、「交流及び共同学習」の週時程表の作成と考え方については、Q28 ～ Q30 を参照してください。

Q4 年間指導計画の作成

Q4-1 特別支援学級の年間指導計画は、どのような手順で作成すればよいですか。

A4-1 年間指導計画の作成は、以下のようなフローになります。年間を通してバランスよく単元・題材を配列していきます。

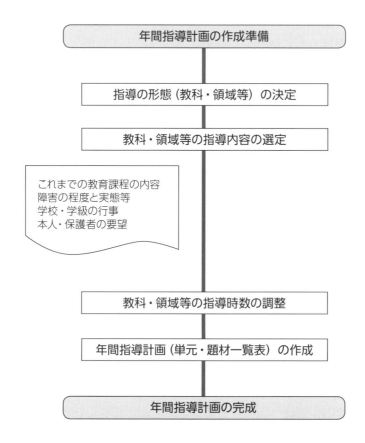

■単元・題材を配列する際の留意点

知 的	毎年同じように繰り返した単元・題材の内容にならないように配列します。
肢 体	身体的運動や移動を伴う活動などに関連する単元・題材を考慮して配列します。
病 弱	活動的な動きや屋外での活動などに関連する単元・題材を考慮して配列します。
弱 視	視知覚認知や空間認知などに関連する単元・題材を考慮して配列します。
難 聴	言語理解や文章表現などに関連する単元・題材を考慮して配列します。
言 語	言語表現や文章理解などに関連する単元・題材を考慮して配列します。
自 情	集団での活動や文章読解、場の読み取りなどに関連する単元・題材を考慮して配列します。

第Ⅳ章 特別支援学級経営のポイント77

教育課程

Q4-2 知的障害特別支援学級では、年間指導計画（単元・題材一覧表）をどのように作成すればよいですか。

A4-2 　特に知的障害特別支援学級のように「特別な教育課程」を編成する場合には、教科等を合わせた指導と教科別、領域別の指導との関連を明確にして指導を行うことが必要です。そのため、単元や題材等を配列した年間指導計画を作成することが望まれます。学校、学級、地域の状況や児童生徒の実態等に応じて、適切な年間指導計画を作成しましょう。

【中学校知的障害特別支援学級の例　（○年○組　○○○○）】

	4月	5月	6月	7月
学校行事 学級行事	入学式 4/8 始業式 4/9 対面式 4/12 授業参観 4/28	避難訓練 5/7 運動会 5/10 市内特別支援学級交流会 5/25	交通安全教室 6/3 現場体験実習 6/10〜14	プール開き 7/1 期末試験 7/3〜5 市内中体連 7/20 終業式 7/24
日常生活の 指導	朝の会（挨拶・返事・健康観察・カレンダー、天気、今日の学習・給食） 係の仕事（清掃、日直）、身だしなみ（ハンカチやティッシュの携帯、容姿） 衣服の調節（衣服の着脱とたたみ方・ハンガーのかけ方） 排泄（トイレの利用）、身の回りの整理整頓（机・いす・ロッカー） 給食（挨拶・手洗い・身支度・給食の準備・食事マナー・後片付け・歯磨き） 帰りの会（挨拶・今日の反省・明日の予定・明日の持ち物）			
生活単元 学習	新しい学年・新しい友達 (6)	防災と非難 (2) 運動会 (14) 市内交流会 (10)	宿泊学習 (4)	夏休みの計画 (4) 1学期の反省 (4)
作業学習		畑作業 (2) 苗の購入・栽培 (2)	現場体験実習 (30)	
国語	自己紹介 (2) 挨拶の仕方 (6)	祝日の意味 (2) 作文、感想文 (12)	様々な職業 (4) 実習のお礼 (2)	パソコン使用 (8) 詩を書く (3)
数学	復習・テスト (2) 基礎的な計算 (7)	数の大小 (6) 数の合成分解 (10)	形の区別 (4) 図形 (6)	時刻・時間 (9) 暦 (7)
音楽 （交流）	通常の学級の指導による（週2）			

Q4-3 児童生徒の障害の程度や実態等により、年間を通して同じような分野や内容を繰り返し行うことはよいのでしょうか。

A4-3 　教科等の指導では、年間を通して単元や題材等をバランスよく配列することが重要です。1つの分野や内容を偏って配列することは好ましいことではありません。例えば、小学校の算数では、「A 数と計算」「B 量と測定」「C 図形」「D 数量関係」、中学校の算数では、「A 数と式」「B 図形」「C 関数」「D 資料の活用」の4つの領域があります。4つの領域について年間、または複数年を通してバランスよく配列して、その領域で取り扱う内容を取り上げて指導します。

49

Q5 教科書の種類と選定

Q5-1 特別支援学級の児童生徒には、どのような教科書（正式には教科用図書）を選択すればよいですか。

A5-1 教科書の選択は、以下のようなフローになります。知的な遅れがあったり、弱視や難聴がある場合には、専用の教科書を選択します。

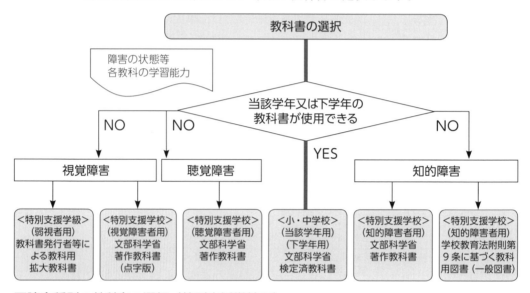

■障害種別の教科書の選択（特別支援学校用）

知的	小学部 国語（こくご） 1年～6年 ☆・☆☆・☆☆☆ 小学部 算数（さんすう） 1年～6年 ☆・☆☆(1) ☆☆(2)・☆☆☆ 小学部 音楽（おんがく） 1年～6年 ☆・☆☆・☆☆☆ 中学部 国語（国語） 1年～3年 ☆☆☆☆ 中学部 算数（算数） 1年～3年 ☆☆☆☆ 中学部 音楽（音楽） 1年～3年 ☆☆☆☆ 第9条に基づく教科用図書（一般図書）
弱視 視覚	教科用拡大教科書 小学部 国語（国語）点字版 1年 1·2·3·4 ～ 6年 1·2·3·4 小学部 社会（社会）点字版 3～4年 1·2·3·4·5、5年 1·2·3·4·5·6·7、6年 1·2·3·4·5·6·7 小学部 算数（算数）点字版 1年 1·2·3·4·5·6·7·8·9、2年 1·2·3·4·5·6·7·8、珠算編 1·2·3·4、 　　　　　　　　　　　　　3年 1·2·3·4·5·6·7·8·9·10·11、4年 1·2·3·4·5·6·7·8·9·10·11·12 　　　　　　　　　　　　　5年 1·2·3·4·5·6·7·8·9·10·11·12、6年 1·2·3·4·5·6·7·8·9·10、 小学部 理科（理科）点字版 3年 1·2·3·4、4年 1·2·3·4·5 ～6年 1·2·3·4·5 小学部 道徳（道徳）点字版 1年 1·2 ～6年 1·2 中学部 国語（国語）点字版 1年 1·2·3·4·5·6 ～3年 1·2·3·4 中学部 社会（社会・地理的分野）点字版 1～2年 1·2·3·4·5·6·7·8·9·10·11·12 中学部 社会（社会・歴史的分野）点字版 1～3年 1（資料編1）、2·3·4·5·6·7·8·9（資料編2） 中学部 社会（社会・公民的分野）点字版 3年 1·2·3·4·5·6·7·8·9 中学部 数学（数学）点字版 1年 1·2·3·4·5·6·7·8·9·10、2年 1·2·3·4·5·6·7 　　　　　　　　　　　　　3年 1·2·3·4·5·6·7·8·9·10 中学部 理科（理科）点字版 1年 1·2·3·4·5·6·7·8·9、1年 1·2·3·4·5·6·7·8·9、 　　　　　　　　　　　　　3年 1·2·3·4·5·6·7·8·9·10 中学部 英語（理科）点字版 1年 1·2·3·4·5 資料編 1·2·3·4·5·6、2年 1·2·3·4·5、 　　　　　　　　　　　　　3年 1·2·3·4·5·6·7
難聴 聴覚	小学部 国語（言語指導） ことばのべんきょう 1年上・下～3年上・下　ことばの練習 4年6年 小学部 音楽（音楽） たのしいおんがく 1年～2年　　音楽 3年～6年 中学部 国語（言語） 1年～6年

第Ⅳ章　特別支援学級経営のポイント77

教育課程

Q5-2 特別支援学級の児童生徒が当該学年の教科書を使用することができない場合には、どのような選択の方法がありますか。その根拠はどうなっていますか。

A5-2　特別な教育課程の編成により、当該学年の教科書を使用することが適切でない場合は、他の適切な教科書を使用することができます（学校教育法施行規則第139条）。この場合、原則として下学年用の文部科学省検定済教科書又は特別支援学校用の文部科学省著作教科書及び学校教育法附則第9条の規定に基づく教科用図書（一般図書）の中から選択することができます。ただし、特別支援学級では、同学年の学級と交流及び共同学習を行うことが多いので、下学年の文部科学省検定済教科書、特別支援学校用の文部科学省著作教科書等を選択する場合は、十分な検討が必要です。

　また、文部科学省検定済教科書と学校教育法附則第9条の規定に基づく教科用図書（一般図書）は、同時に無償給付することはできませんので留意してください。

【学校教育法施行規則第139条】
　特別の教育課程による特別支援学級においては，文部科学大臣の検定を経た教科用図書を使用することが適当でない場合には，当該特別支援学級を置く学校の設置者の定めるところにより，他の適切な教科用図書を使用することができる。

【学校教育法附則第9条】
　高等学校、中等教育学校の後期課程及び特別支援学校並びに特別支援学級においては、当分の間、第34条第1項（第49条、第62条、第70条第1項及び第82条において準用する場合を含む。）の規定にかかわらず、文部科学大臣の定めるところにより、第34条第1項に規定する教科用図書以外の教科用図書を使用することができる。

Q5-3 知的障害者用の教科書について教えてください。

A5-3　知的障害者用の文部科学省著作教科書には、小学部及び中学部の国語、算数・数学、音楽の教科書があります。各教科書は、学習指導要領における特別支援学校（知的障害）の各教科に示している内容と段階に応じて作成されていて、学年別ではなく児童生徒の障害の状態等に応じて適切なものが用いられています。通称「☆（星）本」と呼ばれていて、小学部1段階は☆、小学部2段階は☆☆、小学部3段階は☆☆☆、中学部は☆☆☆☆があります。詳しくは、左頁を参照してください。

Q5-4 視覚障害者用の拡大教科書とデジタルデータ、点字教科書について教えてください。

A5-4　拡大教科書とは、文部科学省の検定を経た教科書の文字や図形を拡大して複製したもので「弱視」の児童生徒が使用する教科書です。小・中学校用の教科書のほぼ全てで作成されています。ボランティア団体等の個人が発行しているもののほか、出版社等の企業や社会福祉法人で製作・発行しているものがあります。教科用特定図書等を制作する際には、教科書デジタルデータの提供を受けることができます。

　また、視覚障害者のための文部科学省著作教科書である点字教科書には、特別支援学校小学部点字教科書として、「国語」「社会」「算数」「理科」があります。

Q6 教室内のつくり

Q6-1 新学期を向かえる前に、児童生徒が過ごしやすい教室の学習環境をつくるためには、どのような配置や準備物が必要ですか。

A6-1 教室環境づくりは、以下のようなフローになります。障害特性によって場の設定や掲示方法等が違ってきますので、個の実態に即した環境を整えていくことが大事です。

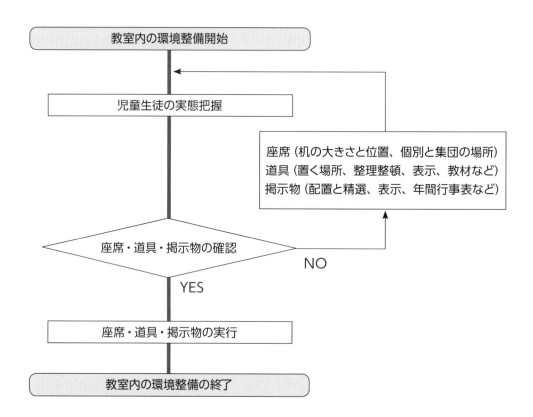

■単教室内の環境整備

知　的	視覚的に動線や目的の場所が理解できるような工夫など
肢　体	移動のしやすさに配慮した配置の工夫(段差の解消、手すり)など
病　弱	体を休めることができるスペースの確保など
弱　視	分かりやすい目印の工夫(色の変化、拡大文字、点字の表示)など
難　聴	視覚的な情報の工夫(チャイムや校内放送の可視化)など
言　語	防音の工夫(防音壁、ホワイトボード等で仕切る等)など
自　情	余計な視覚・聴覚刺激が入らない工夫(道具の置き場や教材)など

年度始めの準備

Q6-2 教室環境の整備として、具体的にはどのような視点で考えていけばよいですか。

A6-2 学習面や心理面における困難性を自分の力で乗り越えられるような環境を整えていくことが大切です。

■教室環境の整備内容

環 境	観 点	配慮の具体例
座 席	学習しやすい机の大きさ、位置、場所	○余計な視覚刺激や聴覚刺激を減らすための配慮 ・黒板の中央に机を少し斜めに向けます。 ・児童生徒同士が引き合う場合には、移動黒板やパーティションで仕切ります。 ○気分転換や体を休めることができるための配慮 ・教室内のスペースにリラックスやクールダウンができる空間を作ります。（机、いすの準備）
道 具 補助具	物を置く場所 整理整頓	○「何を」「どこに」「どのように」置くための配慮 ・道具箱やロッカーに整理する物の写真や絵、文字で示します。（例：「片付け方の見本」写真・絵） ・連絡帳やプリントを入れるジッパーつきのクリアケースを準備します。（ケースのまま連絡帳のやりとり）
掲示物	刺激量の調整	○学習に集中するための配慮 ・黒板のまわり等には、できるだけ不要なものを掲示したり置いたりしないようにします。 ○見通しをもつための配慮 ・昨年度作成した年間行事表を掲示しておきます。（今年度のものは、4月に児童生徒と一緒に作成）

■教室内の配置例

※個別学習、集団学習、休憩場所（着替え）を分けて配置します。

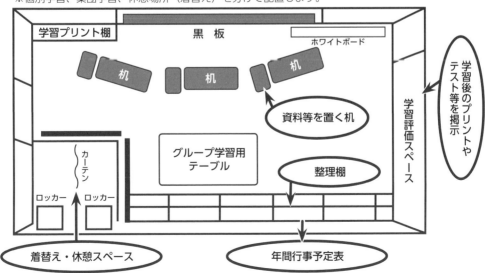

Q7 掲示物と表示

Q7-1 新学期を向かえる前に、児童生徒が見通しをもって取り組むための掲示物や表示等の作成にあたり、どのような視覚的方法・配慮が必要ですか。

A7-1 掲示物や表示の作成から掲示までのフローは以下の通りです。ロッカーや時間割等、個の実態に応じて絵や写真、文字等の情報を提示することで、自分から取り組もうとする自主性を大事にしていきます。

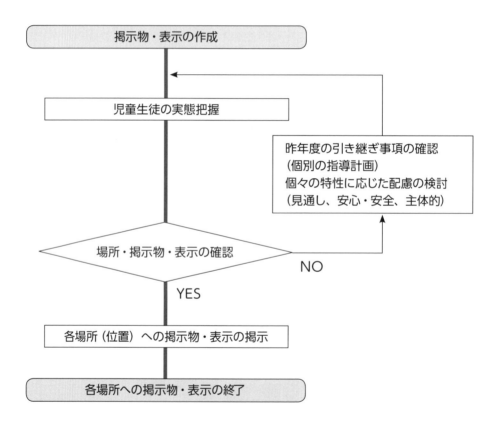

■単教室内の環境整備

知 的	視覚的に動線や目的の場所が理解できるような工夫など
肢 体	移動のしやすさに配慮した配置の工夫など
病 弱	個々の実態に対応したスケジュール表の作成など
弱 視	分かりやすい目印の工夫など(色の変化、拡大文字、点字の表示)
難 聴	視覚的な情報・文字情報を活用した掲示の工夫など
言 語	文字情報を活用した掲示の工夫など(言語と文字の一致)
自 情	見通しをもちやすい視覚情報の工夫など

年度始めの準備

Q7-2 多種多様な障害に対して、どのような掲示や表示がありますか。

A7-2 引き継いだ資料をもとに、児童生徒の実態に合わせた掲示物や表示の仕方を考えていくとよいです。

【掲示物・表示の具体例】

児童生徒の実態	配慮の具体例
身体機能面での配慮が必要	○身体の可動範囲を考えた棚、下足箱等の場所を確保します。
言葉だけの指示で内容を理解するのが難しい	○「何を」「どこに」「どのように」置くかについて、文字や絵・写真等で表し、視覚的に分かりやすくします。 ・下足箱の表示（靴のそろえ方の見本） ・教室の表示（物の置き場所を文字・写真で明示） ・机の中（学習箱の中身を整理するための見本） ・時間割の工夫（大きな時間割、今の時間が分かるような可動式の枠等）
忘れ物が多い 整理整頓が苦手	○持ち物チェックシート（時間割も示す）を作成します。 ○しまい方（しまう位置、しまう順番等）の見本を掲示します。また、引き出しの中やロッカー等に仕切りを付けておきます。
見通しをもちにくい 活動に入りにくい	○年間の予定表を時系列で示したり週時程表を工夫します。 ・昨年度の年間行事予定表を掲示（期日や学年の行事等の変更箇所は児童生徒と一緒に確認しながら貼り替えていく） ○週時程表は教科別に色を変えるなど、見やすく作成して掲示します。

■年間行事予定表（拡大掲示）

4月			5月		12月		3月	
7日	15日	22日	11日	20日	21日	24日～1/6	5日	17日
入学式	授業参観	○君の誕生日	クラブスタート	すもう大会	お楽しみ会	冬休み	六年生を送る会	卒業式

活動後の絵や写真

■週時程表（マグネット式）

校時	月	火	水	木	金
1	国語 （　）	国語 （　）	国語 （　）	国語 （　）	国語 （　）
2	算数	算数	算数	算数	算数
3	社会	社会	体育	理科	社会
4	自立活動	図工	音楽	理科	図工
	給食 そうじ	給食 そうじ	給食 ロング	給食 そうじ	給食 そうじ
5	体育	学活	体育	体育	家庭
6	委員会 （　）			クラブ	

■下足箱（表示）

Q8 前担任からの引継ぎ

Q8-1 新学期をスタートするにあたって、前担任との引継ぎはどのように行えばよいですか。

A8-1 引継ぎについては、以下のようなフローになります。学習面や生活面での配慮について、学校と家庭の様子を具体的に把握しておく必要があります。

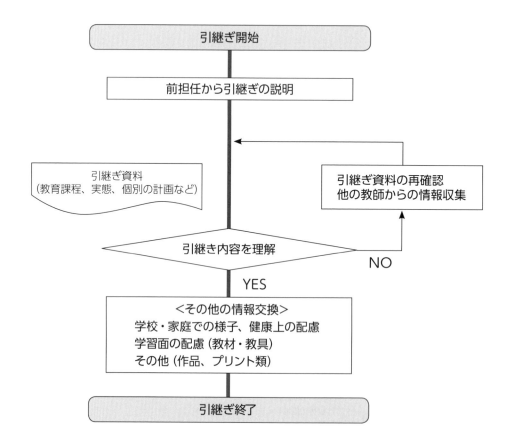

■引継ぎの内容

知 的	教育課程について引継ぎます。（生活単元学習、自立活動、交流学習の回数等）
肢 体	自立活動の年間活動計画について引継ぎます。（回数、内容、方法等）
病 弱	個の実態に配慮した1日の流れについて引継ぎます。（活動時間等）
弱 視	学習・生活上の配慮について引継ぎます。（視覚補助具、指導法等）
難 聴	学習・生活上の配慮について引継ぎます。（聞こえの程度、指導法等）
言 語	ことばの発達状況、交流授業での支援について引継ぎます。（発音の程度等）
自 情	教育課程について引継ぎます。（自立活動、教科、交流授業の回数等）

第Ⅳ章 特別支援学級経営のポイント77

年度始めの準備

Q8-2 児童生徒の引継ぎ資料は、どのようなものがありますか。

A8-2 引継ぎ資料としては、以下の内容があります。

◇教育課程（年間計画、単元題材一覧表など）
◇個別の教育支援計画・個別の指導計画
◇家庭調査票　◇諸検査の記録　◇就学支援委員会・巡回相談等の記録
◇通知票　◇学習で使った教材・教具（プリントやノート類を含む）
◇その他（授業や活動の様子が分かる記録写真、作品・掲示物等）

　　　　引継ぎ資料をもとに、児童生徒の実態に関する情報を整理します。新設の学級や前担任が転出された場合は、特別支援教育コーディネーターを通じて情報を収集したり、事前に保護者と話し合いの機会をもったりしながら児童生徒が安心して新学期を迎えられるようにしていきましょう。

Q8-3 教育課程は、どのように引継ぎますか。

A8-3 　昨年度の学習状況に応じて、今年度の教育課程を見直します。特に、特別支援学級の場合は、個によって学習進度が異なるため、前担任からの引継ぎ資料をもとに、各教科、教科・領域を合わせた指導（生活単元学習等）、自立活動（目標、内容、方法、時数）の年間単元計画を作成していくことが重要です。また、個別に計画した資料（個別の指導計画）については、１回目の個別面談等を通じて、保護者と確認・連携（合意形成）を図りながら教育活動を進めていきます。

Q8-4 個別の教育支援計画と個別の指導計画は、どのように引継ぎますか。

A8-4 　個別の教育支援計画と個別の指導計画は、個々のアセスメント資料として上記に示した情報や保護者の願い、支援の成果や課題の達成を知る上で重要なツールとなります。個別の指導計画作成に向けて、以下が重要です。
・昨年度の評価をもとに、ステップアップした段階的な目標（達成可能な目標）を設定します。
・目標にそって、学習場面・内容・方法について具体的な支援方法を設定します。
・計画段階で、保護者との面談を通じて確認し、教育活動を進めていきます。

Q9 入学式

Q9-1 入学式を迎えるにあたり、児童生徒が安心して式に参加できるためには、どのような準備が必要ですか。

A9-1 入学式までの流れは、以下のようなフローになります。個の実態に応じた事前指導とともに協力体制について学校全体で共通理解を図ることが重要になります。

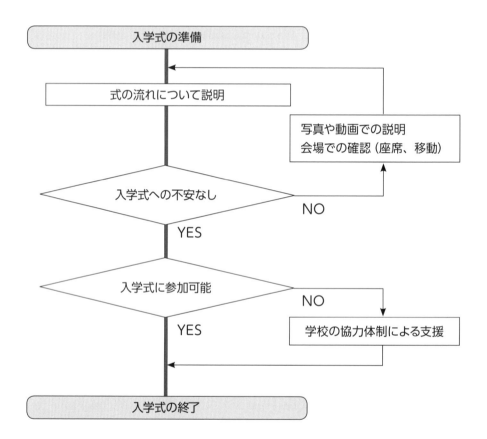

■入学式までの確認事項や配慮内容

知　的	入学式の流れについての見通し（内容、時間等）を確認します。
肢　体	移動方法や補助が必要な場合の合図を確認します。
病　弱	体調面を考慮した入学式参加のスケジュールについて確認します。
弱　視	座席の位置や移動場面等での補助について確認します。
難　聴	会場に掲示された表示の場所や内容の確認します。
言　語	個の実態に応じた返事の仕方や心理面での配慮します。
自　情	入学式の流れ、場を離れるときの方法（移動経路、合図）を確認します。

第Ⅳ章　特別支援学級経営のポイント77

年度始めの準備

Q9-2 新入生の場合、初めての活動に児童生徒が安心して式に参加できるためにはどのような準備が必要ですか。

A9-2 　儀式的な行事は不安や緊張が伴うため、体調面や情緒面での十分な配慮が必要です。児童生徒の実態に応じた多くの支援を学校全体で考えておくことが大切になります。

Q9-3 入学式では、様々な形で参加することがあります。それぞれの確認や配慮することを教えてください。

A9-3 　入学式では、以下に示す参加パターンがあります。児童生徒が最後まで参加できるように確認を十分にしておきましょう。

【新入生が通常の学級の児童生徒と一緒に参加する場合】
　特別支援学級の新入生が在籍等の配慮や交流学習等の観点から、通常の学級の児童生徒と一緒に入学式に参加する場合があります。
　①入退場の仕方や座席の位置について確認
　②呼名の仕方（名前を呼んだら「はい」と言ってその場に立つ）についての確認
　③式の流れについて確認（時間が分かる場合は、始まりと終わりの時間を伝える）
　＜学校全体で確認しておくこと＞
　・健康面や行動面での配慮について事前に共通理解し、協力体制を整えます。
　・可能であれば、入学式前に保護者や児童生徒と顔合わせをしておきます。また、実際に会場で練習して見通しをもちやすくします。

【新入生が特別支援学級の児童生徒として参加する場合】
　特別支援学級の新入生が通常の児童とは区別する形で、特別支援学級の中で事前指導を受けてから入学式に参加する場合があります。この場合には、入学式で「〇〇学級、〇〇さん」と区別されて呼名されます。
　①保護者と児童への事前確認をして同意
　②呼名の順番についての確認
　　（通常の学級の最後に呼名するのか、通常の学級の男子または女子の性別等に応じて途中に呼名を入れるのか）

【在校生である特別支援学級の児童生徒が参加する場合】
　学校によっては、全校児童が入学式に参加する場合があります。
　①式の流れ、座席の位置、移動の方法、付添いの先生についての確認
　　（会場に行って確認しておくと見通しをもちやすい）
　②個別に目標を設定
　　（例：〇〇の時間までがんばる、〇〇の場面まで席から離れない等）
　③途中で会場から席を離れる場合の対処の仕方についての確認
　　（例：〇〇先生に伝える、静かに端を通って移動する等）

Q10 学級開き

Q10-1 学校生活のスタートである学級開きでは、どんなことをすればよいですか。

A10-1 学級開きのフローは以下の通りです。学級開きの活動は、児童生徒の実態をつかむ期間として1週間程度かけながら進めていきましょう。

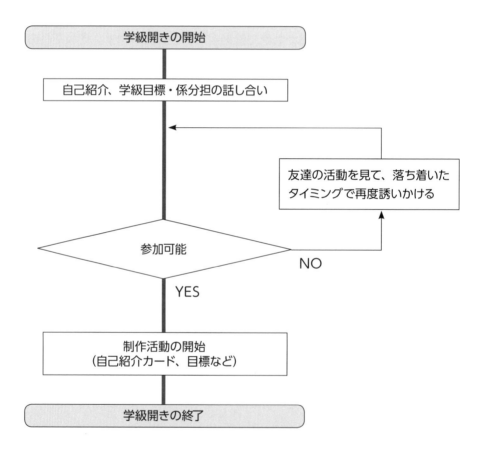

■児童生徒への配慮内容

知　的	説明は短く、分かりやすい言葉で丁寧に伝えます。
肢　体	同じ目線の高さで会話をします。
病　弱	体調に配慮した活動時間・内容を計画します。
弱　視	色別文字、拡大文字等による説明の工夫をします。
難　聴	余計な音が入らないように工夫をします。
言　語	視覚的な情報を取り入れた説明の工夫をします。
自　情	教材の位置や週日課の確認等、学習への見通しをもたせます。

第Ⅳ章　特別支援学級経営のポイント77

年度始めの準備

Q10-2 新設学級の場合、どのような流れで学級開きを進めていけばよいですか。

A10-2　　新設学級の場合は、担任の先生や友達など、新しい環境に慣れることが大切です。まずは、関係づくりを中心に進めていきながら、安心できる学級づくりに努めていきましょう。以下にその流れを示しました。

【学級開きの活動内容】

活動内容	観　点	具　体　例
①自己紹介	担任と児童生徒の関係をつくる。	○個々の実態に合わせた自己紹介をします。 ・文字カードや絵カードを使った自己紹介 ・ゲームを取り入れた自己紹介 ・マイクや音声機器を取り入れた自己紹介
②目標づくり ・学級目標 ・個の目標	学習意欲を高める。	○達成可能な個々の実態に合わせた目標にします。
③物を置く場所の確認	見通しを立てられるようにする。	○「何を」「どこに」「どのように」置くかについて確認します。 ・道具やカバンを片付ける整理棚 ・連絡帳やプリントを入れる箱
④係を決める	役割意識をもたせる。	○個々の実態に考慮し、継続して取り組むことができる係の仕事を考えます。 ・健康観察簿を取りに行く係 ・学習予定を書く係 ・黒板消し係 ・朝の会、帰りの会の進行係
⑤日課の確認	学校生活のリズムをつかむ。	○交流・共同授業の教科を含む週日課について確認します。 ・交流する教科は何か ・給食の場所はどこか ・登校後はどこに行くか
⑥掲示物の作成	活動への見通しをもたせる。	○年間の活動や自分の役割を意識できるような工夫をします。 ・年間スケジュール表（行事予定）の作成 ・係活動や個々の目標シートの作成 ・生活ルール表の作成

61

Q11 学級通信（第1回目）

Q11-1 最初の学級通信には、どのような内容を載せるとよいですか。

A11-1 学級通信の作成フローは以下の通りになります。第1号の学級通信では、担任の紹介や学級目標を通じて、1年間の学級経営に対する思いや保護者と一緒に教育活動に向かっていく姿勢を伝える内容にします。

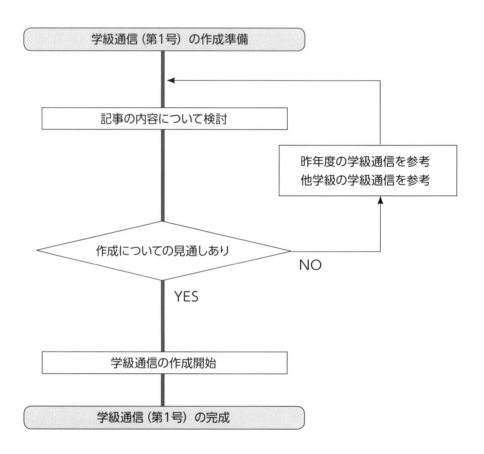

■学級通信に記載する内容

知 的	特別の教育課程（生活単元学習、作業学習）や目標などを記載します。
肢 体	自立活動のねらいや活動制限、移動手段などを記載します。
病 弱	学習上の配慮や工夫（時間配分、休憩スペースの確保など）を記載します。
弱 視	教材教具等、学習上の手立て（拡大教科書の使用など）を記載します。
難 聴	学習上の配慮や工夫（防音の工夫など）を記載します。
言 語	学習上の配慮や工夫（文字情報など）を記載します。
自 情	自立活動のねらい内容（コミュニケーション、ソーシャル・スキル・トレーニング（SST）など）を記載します。

年度始めの準備

Q11-2 学級通信（第1号）の作成に向けて、どのような点を配慮していけばよいですか。

A11-2 学級通信は、児童生徒の学校生活の様子や作品・写真等を掲載したり、来週の学習予定を知らせたりするためのツールとなります。保護者にとっても学校での児童生徒の様子や成長を知ることができるため、積極的に情報を発信していくことが大切です。個人に偏りすぎないような配慮が必要です。第1号の内容（例）は、以下に示しました。

【学級通信　第1号の内容（例）】

掲載する内容	留意点
①担任の紹介	趣味や得意なこと等、親しみやすい内容を含めた自己紹介文にします。
②学級目標	学級目標について、担任の思いを含めて書きます。
③教育課程のねらいや内容	生活単元学習や自立活動を取り入れている場合は、目標や内容、支援方法について説明します。
④事務手続き上の連絡	4月は事務的な配付物（個人調査票、健康調査票等）があります。締め切り日も一緒に漏れなく記載します。また、学習予定についても毎週お知らせします。

＜学級通信の例＞

●●小学校　●●学級5組　平成30.4.6発行

○年生のスタート！

＜学級目標について＞
・担任の願いを含めて書く

＜学習のねらいや活動内容について＞
・特別支援学級で取り組む生活単元学習や自立活動等のねらいや活動内容について簡単に説明します。

＜担任の紹介文＞
※趣味や特技等を取り入れた親しみやすい紹介文がおすすめです。

＜提出物について＞
・健康調査票（〆切り日○日）
・個人調査票（〆切り日○日）
・教科書の配付（記名をする）

学習予定

	9（月）	10（火）	11（水）	12（木）	13（金）
朝の活動	そうじ	読書	そうじ	そうじ	読書
1	国語 言葉で伝え合おう	国語 言葉で伝え合おう	国語 言葉で伝え合おう	国語 言葉で伝え合おう	国語 言葉で伝え合おう
2	行事 入学式練習	音楽 入学式の歌	算数 かけ算	算数 かけ算	行事 身体測定
3	学活 入学式準備	行事	社会 日本の歴史	外国語 自己紹介	行事 身体測定
4		学活 入学式片づけ	総合 委員会・係	理科 生き物のくらし	体育 短きょり走
5			理科 生き物のくらし	自立 気持ち	図工 自分の顔
6					
下校	11:50	12:00	14:30	14:30	15:00
持ち物	運動着		はし箱	絵の具道具	
連絡	入学式練習	入学式	給食開始		身体測定

＜来週の予定＞
9日（月）3校時授業（11:50下校）
10日（火）入学式（12:00下校）
11日（水）給食開始 ★はし箱の準備よろしくお願いします。
13日（金）身体測定

Q12 保護者参観（第1回目）

Q12-1 4月の保護者参観（第1回目）では、どのような点に気をつけて準備をすればよいですか。

A12-1 第1回目の保護者参観については、以下のフローの通りです。個の実態に応じた学習環境（座席・掲示物・教材教具）や個別学習のよさを知らせることを大事にしていきましょう。

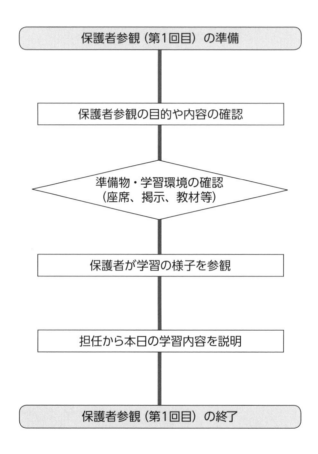

■保護者参観（第1回目）での視点

知　的	学習理解に向けた教材教具の工夫と配慮など
肢　体	学習教材の工夫と配慮（ICT機器の活用等）など
病　弱	個の実態に応じた活動量と指導方法と配慮など
弱　視	学習教材の工夫と配慮（拡大教材の活用等）など
難　聴	視覚的な情報を取り入れた支援と配慮（絵・文字カードの活用）など
言　語	構音や吃音でのつまずきを解消するための手立ての工夫と配慮など
自　情	集中して学習に取り組むための学習内容・手立ての工夫と配慮など

第Ⅳ章　特別支援学級経営のポイント77

年度始めの準備

Q12-2 4月の保護者参観（第1回目）での授業は、どのような点に配慮して準備をすればよいですか。

A12-2　新しい環境でのスタートは、児童生徒だけでなく、保護者にとっても期待と不安でいっぱいの時期かと思います。また、4月の第1回目の保護者参観では、児童生徒が安心して学習に取り組むことができる環境であるか、特別支援学級の個に応じた学習が児童生徒に合っているのかを確認する機会でもあります。教科のねらいに重点をおいた授業ではなく、児童生徒が自分の活動に進んで取り組み、集中して向かう姿が見られる視点で授業づくりを計画していくことが重要です。

【保護者参観（第1回目）の留意点】

項　目	留　意　点
教室環境	○児童生徒が安心できる学習環境になっているか。 ・移動面での配慮（手すり、段差、拡大表示等） ・視覚情報、雑音への配慮(文字・絵カード、仕切り等) ・健康面での配慮（休憩スペース、空調設備等） ・安全面での配慮（画鋲や危険な物等）
	○児童生徒の持ち物や教材が整理されているか。 ・整理箱や棚の表示 ・個に合った置き場所や位置
	○児童生徒の作品が全員分掲示されているか。
授業内容	○児童生徒が積極的に授業に参加しているか。 ・板書 ・発表 ○個々の目標に添った授業になっているか。 ・教材教具の工夫 ・発問、指示、声掛け

Q12-3 保護者参観（第1回目）を設定したのですが、保護者から欠席するとの連絡がありました。どのように対処すればよいですか。

A12-3　第1回目の保護者参観で保護者が欠席すると、児童生徒は何となく寂しい思いをし、学習活動に消極的になってしまうこともあります。参観が始まる前に、その児童生徒に声掛けをしましょう。また、保護者に対しては、送迎の際や別日程で参観できることを伝えましょう。

Q13 学級懇談会（第1回目）

Q13-1 4月の学級懇談会（第1回目）では、どのような準備をすればよいですか。

A13-1 　第1回目の学級懇談会は、授業参観後のＰＴＡ総会や学年懇談会等も予定されており、限られた時間での学級懇談会が計画される場合が多いです。充実した話し合いにしていくために、話し合う内容や学級経営の重点個々の目標、主な行事等を示した説明資料を準備しておくとよいでしょう。

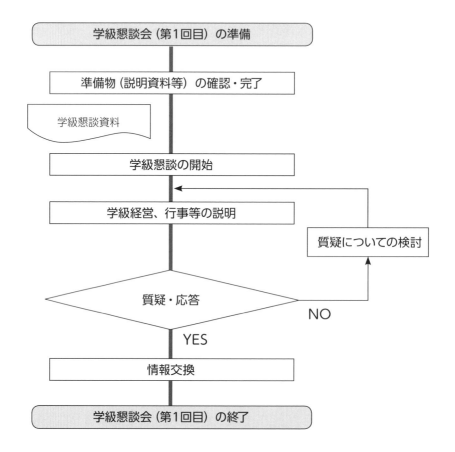

■学級懇談（第1回目）での説明内容

知 的	個に応じた教育課程の編成について説明します。
肢 体	身体機能面での配慮と自立活動の内容について説明します。
病 弱	体調面での配慮、自立活動の内容について説明します。
弱 視	視覚の困難さによる学習面での配慮と支援について説明します。
難 聴	聴覚の困難さによるコミュニケーション面での配慮と支援について説明します。
言 語	コミュニケーション面での配慮、自立活動の内容について説明します。
自 情	自己コントロールを図るための環境、自立活動の内容について説明します。

第Ⅳ章　特別支援学級経営のポイント 77

年度始めの準備

Q13-2 4月の学級懇談会（第1回目）では、具体的にどのような内容を話したらよいですか。

A13-2　第1回目の学級懇談会では、学級経営について説明し、児童生徒一人一人の成長を目指した教育活動にしていくといった担任の思いを伝えるようにします。また、教育課程の編成や年間活動計画をもとにした行事等の参加の仕方や配慮（個の実態に応じて）について確認し、保護者の願いを引き出しながら個別の目標・内容・方法を考えるための機会とします。

【学級懇談会（第1回目）で説明する内容】

項　目	具 体 的 な 内 容
①学級の経営方針 　学級の目標	・昨年度の引継ぎからの成果と課題をふまえた今年度の学級経営について具体的に伝えていきます。
②教育課程の編成 　交流及び共同学習	・自立活動や生活単元学習等の目標や内容について説明します。 ・交流・共同授業に参加する教科や回数、担当教師について説明します。
③合理的配慮	・個々の実態に配慮した支援について保護者と確認します。
④年間の行事予定	・修学旅行や自然教室等、校外での宿泊を伴う活動については、現時点で分かる範囲で活動場所や日程について説明します。
⑤学級事務	・今年度集金する金額や購入予定の教材・教具や消耗品等について説明します。 ・連絡網の作成について説明します。
⑦保護者代表選出 　PTA関連行事	・学年PTAの代表や学年行事の期日・内容の話し合いをする学校もあります。（学年保護者会）
⑥情報交換	・学校での様子や家庭での様子について、学級全体としての情報交換を行います。

Q13-3 保護者から学級懇談会（第1回目）を欠席するとの連絡がありました。どのように対処したらよいですか。

A13-3　特に、新入生の保護者が学級懇談会（第1回目）を欠席する場合には、学校や学級の行事や学習内容、PTA関連行事、保護者同士の連絡等が確認できなくなります。個別に日程を設定して説明をしましょう。

Q14 個別面談（第1回目）

Q14-1 4月の個別面談（第1回目）では、どういった点に気をつけて話を進めていけばよいですか。

A14-1 第1回目の個別面談の準備については、以下の通りです。面談会場のセッティング（机やいすの配置）、面談内容の確認（教育課程、学習上の配慮、進路、医療・福祉サービスの利用状況等）、記録用紙の準備をします。

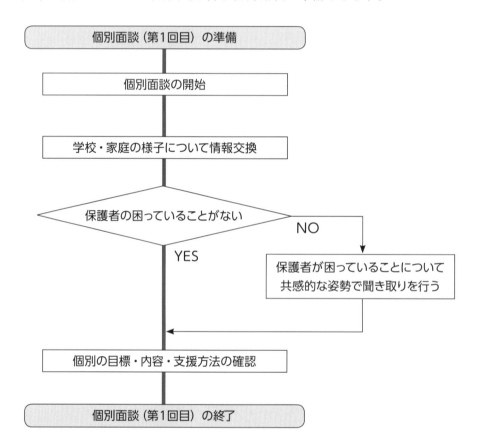

■個別面談（第1回目）の具体的な内容

知 的	将来の進路に向けた教育課程について（特別支援学校、高等学校＜全日制、定時制、通信制＞、就労、在宅）の内容など	
肢 体	交流指導及び共同学習の教科や回数についての内容など	
病 弱	医療・福祉サービスの利用状況と配慮についての内容など	
弱 視	自立活動（ビジョントレーニング等）についての内容など	
難 聴	聞こえの状態に応じた自立活動（コミュニケーション）についての内容など	
言 語	構音・吃音の状態に応じた自立活動（発音・コミュニケーション）についての内容など	
自 情	自立活動（自己コントロールと社会性）についての内容など	

年度始めの準備

Q14-2 4月の個別面談（第1回目）では、具体的にどういった内容を話すのですか。また、面談をする上で留意することはなんですか。

A14-2 第1回目の個別面談では、できるだけ保護者の不安や悩みを受け止めながら一緒に考えていく姿勢が重要になります。また、保護者の願いや児童生徒が困っている事柄を傾聴し、個別の目標、内容・方法等を示す「個別の指導計画」の作成につなげていきます。家庭の事情や進路への不安等、学級懇談では話しにくい話題にふれることもあります。担任との信頼関係を築きながら、継続した個別面談につなげていくことが大切です。

【場の設定】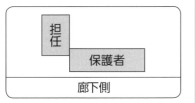	・入り口を背にした位置に座席を準備します。 ・担任はL字の位置になるような座席にします。 　（保護者がリラックスできる雰囲気づくりに努めます。）
【個別面談の内容】 ①学校での様子 ②家庭での様子 ③健康上の配慮事項 ④学校生活上の配慮事項 ⑤個別の指導計画作成	・学校での様子についてエピソードを交えながら児童生徒の意欲的な姿を伝えます。 ・家庭での様子について、保護者から不安や悩みがある場合は、共感的姿勢で親身になって聞きます。 ・健康面や生活面で配慮が必要な点について確認します。 ・個々の実態に応じた支援（設備面、教材教具、指導体制等）について確認します。 ・個別の指導計画の作成に向けて支援目標や内容、手立てについて確認します。（昨年度の目標や手立ての変更点について確認）

Q14-3 保護者から個別面談（第1回目）を欠席するとの連絡がありました。どのように対処すればよいですか。

A14-3 個別面談は、保護者参観とセットで実施する場合が多くあります。もし、4月中に家庭訪問が計画されている場合には、その時間を十分にとって詳しく説明をするようにしましょう。家庭訪問が設定されていない場合には、個別に日程を設定して説明をします。

Q15 健康診断

Q15-1 健康診断を実施する際に、どのような準備をすればよいですか。

A15-1 健康診断を実施するまでのフローは以下の通りです。児童生徒によっては不安を感じる場合もあるため、養護教諭と連携し準備をすることが大切です。

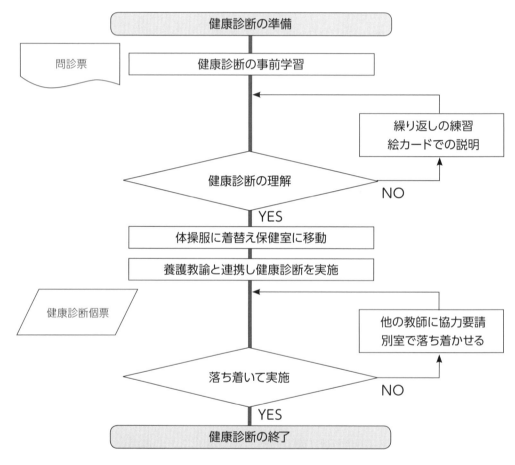

■健康診断の準備と確認

知　的	健康診断の方法や手順を分かりやすく説明します。
肢　体	移動や衣服の着脱の時間を考慮し、時間に余裕をもってできるよう健康診断の流れを養護教諭と確認します。
病　弱	主治医からの指示等を聞いておきます。
弱　視	視力表による検査の実施方法について、主治医や保護者に確認しておきます。
難　聴	聴力検査の実施方法について、主治医や保護者に確認しておきます。
言　語	健康診断の方法や手順を分かりやすく説明しておきます。
自　情	説明や練習の内容と当日の手順が異ならないように気をつけます。

第Ⅳ章　特別支援学級経営のポイント 77

学校・学年・学級行事

Q15-2 健康診断はどうして必要なのですか。

A15-2　健康診断の実施は、以下のような法に基づいて実施されます。

> ［学校教育法］
> 第12条　学校においては、別に法律で定めるところにより、幼児、児童、生徒及び学生並びに職員の健康の保持増進を図るため、健康診断を行い、その他その保健に必要な措置を講じなければならない。
> ［学校保健安全法］
> （児童生徒等の健康診断）
> 第13条　学校においては、毎学年定期に、児童生徒等の健康診断を行わなければならない。
> 第14条　学校においては、前条の健康診断の結果に基づき、疾病の予防措置を行い、又は治療を指示し、並びに運動及び作業を軽減する等適切な措置をとらなければならない。

Q15-3 小・中学校における定期健康診断の検査項目を教えてください。

A15-3　事前に健康診断の検査項目や方法等を把握しましょう。

検査項目	検査方法			実施学年等
保健調査	アンケート			全学年実施
身長・体重				全学年実施
栄養状態				全学年実施
脊柱・胸郭、四肢、骨・関節				全学年実施
視力	視力表	裸眼の者	裸眼視力	全学年実施
		眼鏡等をしている者	矯正視力	全学年実施
			裸眼視力	全学年検査項目から除外可能
聴力	オージオメータ			小4年、小6年、中2年は除外可能、他の学年は実施
眼の疾病及び異常				全学年実施
耳鼻咽喉頭疾患				全学年実施
歯及び口腔の疾患及び異常				全学年実施
結核	問診・学校医による診察			全学年実施
	エックス線撮影、ツベルクリン反応検査、喀痰検査			必要時または必要者に実施
心臓の疾患及び異常	臨床医学的検査、その他			全学年実施
	心電図検査			小1年、中1年のみ実施 他の学年は除外可能
尿	試験紙法（蛋白等、糖）			全学年実施
その他の疾病及び異常	臨床医学的検査、その他の検査			全学年実施

Q15-4 日ごろから健康観察が大切だと言われますが、どうしてですか。

A15-4　障害のある児童生徒は、自分の気持ちや体調の変化を言葉でうまく表現できないことが多いため、担任等による朝の健康観察をはじめ、学校生活全般で健康観察を行うことは重要です。

　また、いじめ、虐待、不登校等のストレスが体調の変化に現れることやてんかんや精神疾患を発症することもあるため、健康診断時に限らず、保護者に伝えたり、養護教諭や学校医に相談しましょう。

Q16 家庭訪問

Q16-1 家庭訪問を実施するには、どのような手順で進めればよいですか。

A16-1 家庭訪問の実施は、以下のようなフローになります。保護者の仕事や家庭の状況等によって、実施が難しかったり、勤務時間外の対応を希望されたりしたときは、管理職に相談します。

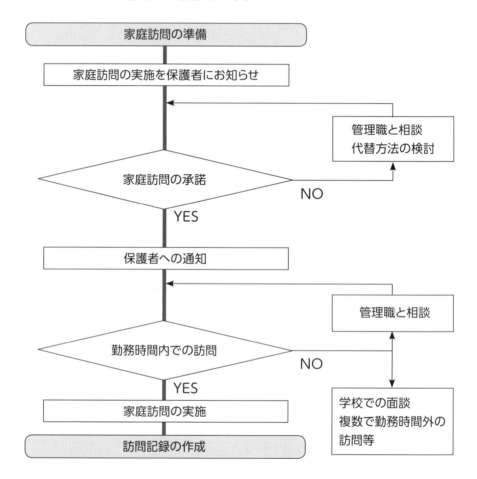

■家庭訪問での確認事項

知 的	家庭での交遊関係や行動範囲について把握します。
肢 体	住居環境（バリアフリー）を確認します。
病 弱	家庭での健康管理について確認します。
弱 視	見え方に応じた支援が家庭でどのようにされているか確認します。
難 聴	家庭での聴こえの程度やコミュニケーションの方法を確認します。
言 語	家庭での発語了解度やコミュニケーションの方法を確認します。
自 情	児童生徒に担任が訪問することを予告しておきます。

第Ⅳ章　特別支援学級経営のポイント77

学校・学年・学級行事

Q16-2 家庭訪問の意義はなんですか。

A16-2　　障害のある児童生徒は、周りから受ける影響がその成長により大きくかかわるため、家庭の状況や生活環境を把握することは大切です。そのため、学校によっては、家庭訪問でなく住居の場所のみを確認することがありますが、特別支援学級の児童生徒については、できるだけ家庭の状況を把握できる家庭訪問を行うことが望ましいと思われます。

　　また、児童生徒の指導と学級運営が円滑に進められるようにするには、保護者との連携は欠かせません。家庭訪問は学校と家庭が児童生徒を「共に育てる」連帯感を生じやすくするとともに、保護者との関係づくりやいざというとき、近隣の住人との連携にも役立ちます。

Q16-3 家庭訪問では、どのようなことを話せばよいですか。

A16-3　　次のような内容を話しながら、保護者との関係づくりをします。

事　項	内　容
家庭での様子を把握	・生活のリズム、家庭の雰囲気、家庭での会話の様子など
家庭での心配な点の聞き取り	・家族や保護者への態度、家庭での役割、身体上の心配な点など
学校での学習や生活の様子を報告	・学校生活での良い点や褒められる行動など
担任としての指導方針を説明	・児童生徒に対して望むこと、伸ばしたいことなど
通学路と通学手段	・方法と所要時間の確認など
住居の周りの環境の確認	・危険箇所の確認、災害時の避難方法など

Q16-4 家庭訪問の実施にあたって、気をつけることはなんですか。

A16-4　　訪問の際のルールを学校で決めていることもありますが、一般的には次のようなことに配慮するとよいでしょう。

> ・訪問時の服装は華美な服装は避け、丁寧な言葉遣いをします。
> ・あらかじめ伝えたいことをまとめておきます。
> ・家庭によって滞在の時間に大きな違いが生じないように気をつけます。
> ・話しにくいことを無理に聞き出したり、聞いてもメモはその場でとったりしないようにします。
> ・他の家庭で得た情報を、漏らすことのないようにします。
> ・茶菓子の接待は、できるだけ辞退します。
> ・訪問後は、その記録を速やかにまとめます。気になることがあれば、管理職に報告するとともに、その後の指導や対応に役立てるようにします。
> ・家庭訪問は決められた期間に限らず、不登校、けがや病気、家庭環境の変化等、必要に応じて実施するようにします。

Q17 遠足・小旅行

Q17-1 遠足・小旅行を実施することになりました。どのように進めたらよいですか。

A17-1 遠足・小旅行の実施は、以下のようなフローになります。通常の学級と合同で実施する際には、担任間の打合せを綿密に行い、下見の際には安全性を確認します。

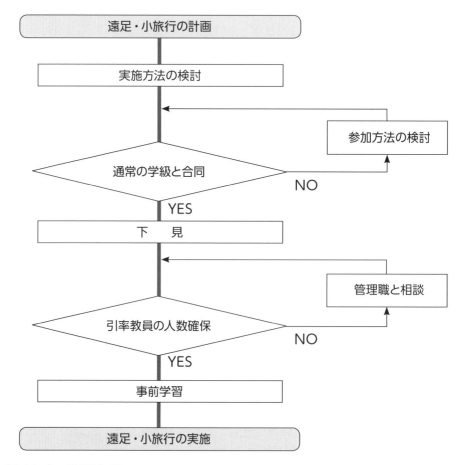

■下見に行くときの確認事項

知　的	行き先が発達段階に応じた場所であるかよく吟味します。
肢　体	多目的トイレ、施設・駅等のエレベーターや段差を確認します。
病　弱	体調不良になったときの緊急体制について決めておきます。
弱　視	段差や点字ブロック、施設の展示方法等を下見で確認します。
難　聴	文字や絵による情報が得られるかを確認します。
言　語	タブレット等のコミュニケーションツールが必要か確認します。
自　情	クールダウンの場所や感覚過敏に対する刺激がないか確認します。

第Ⅳ章　特別支援学級経営のポイント 77

学校・学年・学級行事

Q17-2 遠足・小旅行を実施するねらいはなんですか。

A17-2　　小学校学習指導要領解説　特別活動編（文部科学省、平成29年6月）において、「遠足・集団宿泊的行事のねらい」として以下のように記されています。（中学校も同様な内容となっています）

> 　校外の豊かな自然や文化に触れる体験を通して，学校における学習活動を充実発展させる。また，校外における集団活動を通して，教師と児童，児童相互の人間的な触れ合いを深め，楽しい思い出をつくる。さらに，集団生活を通して，基本的な生活習慣や公衆道徳などについての体験を積み，集団生活の在り方について考え，実践し，互いを思いやり，共に協力し合ったりするなどのよりよい人間関係を形成しようとする態度を養う。

Q17-3 特別支援学級の単独実施の場合と、通常の学級と一緒に実施する場合に、それぞれ気をつけることはなんですか。

A17-3　　以下のように、それぞれの要点をまとめました。

項目	特別支援学級単独での実施	通常の学級と一緒に実施
計画	・児童生徒の発達段階や障害の種類や程度によって、利用しやすい交通機関や施設を選択するようにします。	・計画作成時から特別支援学級の担任が参加し、児童生徒ができるだけ無理なく参加できる方法を考えます。
下見	・トイレや食事の位置や場所、バリアフリー等の状況等を細かく調べ、事前に経路や安全性について十分に検討する必要があります。	・通常の学級の担任と一緒に下見に行き、特別支援学級の児童生徒に支援が必要な交通機関や施設の状況を、知ってもらうようにします。
引率	・担任のみでは、不測の事態に対応できないことがあるため、複数の引率者の確保と役割分担の確認が重要です。	・引率するすべての教職員に、児童生徒の障害の状態や配慮が必要な事柄を確認しておくようにします。
事前学習	・日程、行先、持ち物等が理解できるように映像等を使いながら分かりやすく説明し、行事への期待感や安心感がもてるようにします。	・交流する相手の学級や学年の児童生徒が、障害のある児童生徒の理解ができるよう、事前の交流及び共同学習を実施します。
当日	・登校後すぐの健康観察をしっかり行い、体調が思わしくないときは無理して参加させないことも大切です。	
その他	・天候によって，中止，予定変更，延期等が生じる場合の対応は、保護者にも知らせておきます。 ・緊急時の対応のため、保護者の連絡先が分かるような一覧表を携帯したり、目的地近辺の病院を調べたりしておきます。	

Q17-4 事故防止のために、特に気をつけることはなんですか。

A17-4　　自然災害などの不測の事態に対しても、避難の手順等は事前に確認し、学校や保護者との連絡体制を整えるなど適切な対応ができるようにすることが重要です。

　　また、日常とは異なる環境での活動となるため、児童生徒によっては不安になったり、興奮したりすることも考えられます。日ごろの児童生徒の行動様態を把握するとともに、保護者からも家族旅行での様子等も聞き取っておくようにします。

Q18 宿泊学習・修学旅行

Q18-1 事前にどのようなことを学習して本番を迎えるとよいですか。

A18-1 宿泊学習等には、以下のようなフローがあります。持ち物準備は自分でできるように事前に保護者に話をしておきます。

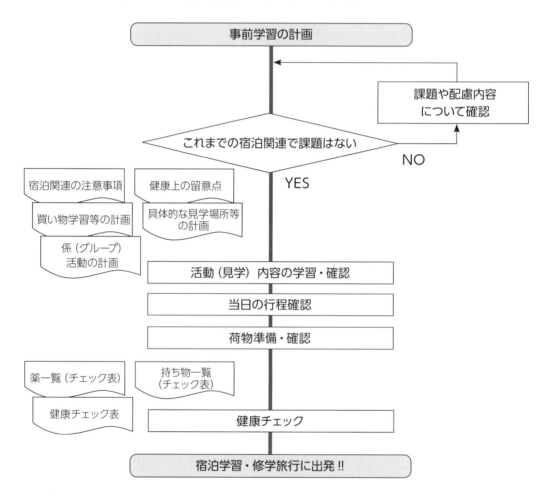

■事前学習計画および確認事項

知　的	宿泊学習の経験や買い物学習の経験を確認した上で学習を計画します。
肢　体	移動時に配慮が必要な箇所を下見の段階で確認します。（下見時の確認）
病　弱	無理のない計画を立て、救急時の対応を確認しておきます。
弱　視	慣れない場所での段差を事前に確認しておきます。（下見時の確認）
難　聴	一斉の指示が聞き取れるよう、配慮事項を事前に確認しておきます。
言　語	発音の練習時に宿泊学習や修学旅行に関する内容を取り入れてみます。
自　情	見学地で何を見るかを写真やイラストなどで示すと意識して見学できます。

第Ⅳ章　特別支援学級経営のポイント77

学校・学年・学級行事

Q18-2 宿泊学習までに家庭と連携をしておくとよい学習内容はありますか。

A18-2　　宿泊学習でしか経験できない活動内容があります。日常的に家庭での練習が必要となってきます。

荷物整理	「自分の荷物は自分で整理をする」ということを家庭と連携して学習しておくとよいでしょう。
風呂	宿泊先では、「体を洗う」「髪を洗う」などを自分で行う必要が出てきます。学校での学習は難しいので、家庭と連携して、時間をかけて練習をしておくとよいでしょう。
買い物	修学旅行では、「おみやげを買う」という学習があります。現地で家へのおみやげを選ぶのに苦労をする児童生徒もいます。事前に家庭で話し合いをしておくとよいでしょう。

Q18-3 宿泊することに不安を感じている児童生徒には、どのような対応をすればよいですか。

A18-3　　初めての宿泊学習の場合、不安が大きい児童生徒もいます。また、慣れない場所での宿泊や活動内容など、不安な要素はたくさんあります。

児童生徒が抱える不安	対　　応
家以外での宿泊の経験がない	・一人部屋等を用意しておくとよいでしょう。 ・担任等が同じ部屋で寝ると安心できるでしょう。
活動に見通しがもてない	・細かなスケジュールを提示するとよいでしょう。 　（活動によっては無理に参加しなくてもよい）
話しだけでは活動のイメージがもてない	・過去の宿泊学習の映像や、下見時の映像を事前学習で見せるとよいでしょう。

Q18-4 事前学習ではどの程度の内容を学習する必要がありますか。

A18-4　　当日不安がないように、より細かく学習をしておくと本人にとって、楽しい宿泊学習になります。

通常の学級	特別支援学級
・見学班や見学ルートの決定 ・見学地の調べ学習	・見学班の仲間の確認 ・班行動での見学地の確認
・宿泊の班決め	・宿泊部屋での注意事項確認 ・宿泊部屋の仲間の確認
・乗り物の座席決め	・座席の確認（分かりやすい座席にするよう事前調整するとよい）
・しおりの作成	・細かなスケジュールの書き込み（具体的に何をするかが分かるように書き込むと不安が軽減される）
・荷物確認	・荷物整理の練習（事前に保護者と打ち合わせするとよい）
・その他必要な学習	・お小遣いの使い方 ・お土産リストの作成と購入計画 ・買い物事前学習（選び方、購入の仕方の練習）

Q19 校外学習（買い物、施設見学など）

Q19-1 買い物学習は、どのように学習を進めるとよいですか。

A19-1 児童生徒が買い物の行程の一つ一つの活動に自信をもってできるように学習を進めていきます。

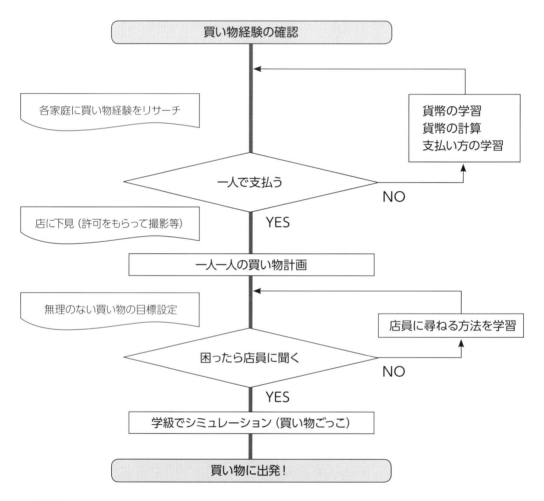

■事前におさえておきたい買い物学習の視点

知　的	広告や写真を使って買い物カードを作り、店で買い物をしてみます。
肢　体	財布は、取り出し口が広いと、貨幣の出し入れがスムーズにできます。
病　弱	近い店や広すぎない店だと、移動も少なく負担軽減になります。
弱　視	手に取って分かりやすい品物（野菜など）は、一人で選ぶことができます。
難　聴	音楽が流れている状況での店員からの聞き取りの練習が必要です。
言　語	店員に品物の場所を聞くようにし、事前学習でも練習しておきます。
自　情	店内の品物の場所を事前に把握しておくと、買い物がスムーズにできます。

第Ⅳ章　特別支援学級経営のポイント 77

学校・学年・学級行事

Q19-2 校外学習内容別の下見では、どのようなことを確認しておくとよいですか。

A19-2　児童生徒の障害の程度や実態等によって、確認する内容は違います。保護者への確認が必要な場合もあります。

		確認事項	確認後の対応
共通	動線	移動困難なルート	・ルート変更などの個別の対応を考えます。
	待機	待機できる場所	・待機場所使用の許可を取っておきます。
	配慮	配慮すべき児童生徒	・実態に応じた配慮を再度確認し、複数の場合には、対応表を作成します。
買い物	商品	商品棚の配置	・店内配置図を作成し、事前学習で買い物ルートの確認等で使用してみましょう。
	レジ	使用するレジを事前に決定	・時間がかかる場合には、あらかじめ店の責任者にお願いをしておきます。
施設見学	説明資料	説明の内容	・どの程度なら理解できるかをあらかじめ伝えておきます。障害の程度や実態等によっては、内容の精選もお願いしておきます。 ・イラストなどで説明できるよう、用意しておくのもよいでしょう。

Q19-3 校外学習の目標設定はどのようにしたらよいですか。

A19-3　実態に応じた目標の設定が必要です。実態を正確に把握した上で決めましょう。

	実態の目安	目標設定の例
買い物	買い物経験が少ない	・「○○を買う」など品物を限定するところから始めます。店員に「○○ください」「○○はどこにありますか」と話しかけるまでを目標にします。
	買い物経験が豊か	・買い物計画作成から始めます。「カレー作り」では、必要な材料を考え、買い物メモを作り、買い物に出かけます。計画から買い物終了までを目標として設定します。
施設見学	落ち着いて行動することが難しい	・「工場では何を作っていたか」等、分かりやすい目標を設定します。目標設定数はできるだけ少ない方がよいでしょう。チェック表を作り、見た場所をチェックするだけでも可能です。
	落ち着いて行動することができる	・見学コースを確認し、どこで何が行われているかを事前に確認します。実際の見学で確認できたこと、新たに分かったことをメモします。質問事項を考えた上で見学し、質問をすることも目標に設定するとよいでしょう。

Q19-4 公共交通機関を使っての見学で利点はありますか。

A19-4　障害者手帳がある場合は、手帳を提示することで、電車・バス・地下鉄などの運賃が割引対象になります。事前に障害者手帳の有無を確認しておきましょう。また、改札などで時間がかかることが予想されますので、鉄道会社などと事前に打ち合わせをしておくことをお勧めします。（手帳の取得は Q75 参照）

Q20 学芸会・学習発表会

Q20-1 学芸会の練習は、どのような順番で進めればよいですか。

A20-1 背景作りも含めて児童生徒らで作るのであれば、練習と同時進行するのが理想的です。教室での練習のときから、立ち位置の目印を決めておきます。

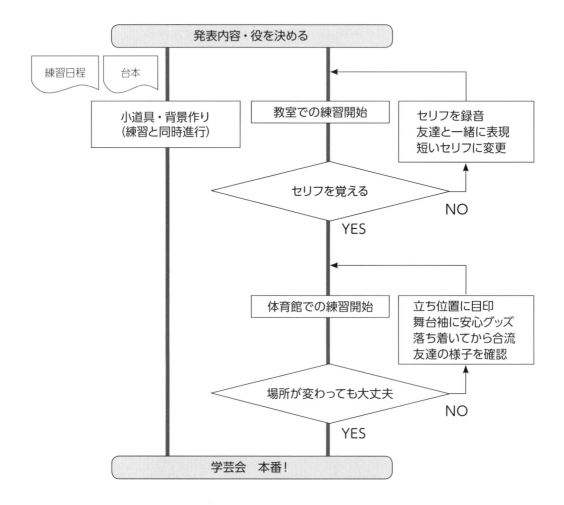

■学芸会に向けての配慮事項

知　的	動きが単純な役やセリフが短い役は、自信をもって活動できます。
肢　体	劇をする場合は、舞台上の人数が少ない場面だと動きやすいです。
病　弱	動きの少ない役柄や合唱合奏の指揮者などは、負担が少なくなります。
弱　視	立ち位置に舞台袖からも見える、分かりやすい目印があるとよいです。
難　聴	セリフのタイミングを動作（握手、肩をたたくなど）にするとよいです。
言　語	セリフは、言いやすい言葉に替えると自信もって言うことができます。
自　情	まずは「みんなの動きを見る」から始めると、見通しがもてます。

第Ⅳ章　特別支援学級経営のポイント77

学校・学年・学級行事

Q20-2　特別支援学級で発表する際の配慮事項はありますか。

A20-2　「児童生徒のできることを最大限生かす」ことが大切だと考えます。

小学校	題　材	・「うさぎとかめ」「ももたろう」などの昔話にすると、内容が分かり、取り組みやすいです。
	読み聞かせ	・毎日読み聞かせをすることで、繰り返しのセリフを覚えたり、大きな声で自信をもって言ったりすることができるようになります。
	独自性	・昔話の登場人物を人数分に増やしたり、児童生徒の得意な動きを入れたりすると、児童生徒の実態に合った内容にすることができます。 ・セリフを短くしたり、動きを変更したりすることも可能です。
共通	出番待ち	・舞台袖で出番を待つ時間こそ工夫が必要です。待ち時間グッズを用意しておくとよいでしょう。
中学校	題　材	・合唱・合奏の発表や朗読劇などが中学校の発表として考えられます。普段の授業の成果を発表するのもよいでしょう。
	得意分野を生かす	・普段の授業では披露する機会がないような得意分野を発表内容に取り入れるのもよいでしょう。

Q20-3　通常の学級で発表する際の配慮事項はありますか。

A20-3　事前の説明や効率的に進めるための調整が必要です。

事前説明	・練習計画を作って、練習が始まる前に説明することが大切です。 　①いつ、何を練習するのか　　②本番までの日々のスケジュール 　③自分の出番　　④一緒に動く友達　　⑤発表当日の動き　など
同じ出番の友達	・同じ場面に、どの友達と出るのかを覚えさせると、「自分の出番」を意識することができます。仲の良い友達やいつも言葉を掛けてくれる友達と同じ出番になるよう、事前調整できるとよいでしょう。

Q20-4　観劇するときの留意点はありますか。

A20-4　長時間同じ場所で過ごすための工夫が必要です。

座席位置	・障害種によって、適している座席位置は違います。事前に本人や保護者と相談をして、座席を確認しておきます。 ・動きの激しい児童生徒や座っていることが苦手な児童生徒は、列の端に座席を作るとよいでしょう。
暗い場所が苦手	・照明を暗くする場合が多いので、事前に暗くなることを伝えておきましょう。また、会場の出入り口付近に座席を用意すると安心です。
体温調節が難しい	・体育館は、季節によって暑かったり冷えたりします。体温調節が難しい場合は、環境を整える配慮が必要です。

Q20-5　不安を解消するためにはどうしたらよいですか。

A20-5　ゴールが見えないのが不安の原因だと考えられます。

イメージをもつ	・教室での授業とは違う学習内容なので、事前にどのようなものであるか過去の映像等を見せてイメージをもたせると不安が軽減されます。
見通しをもつ	・「この練習はいつまで続くのか」「今から何の練習をするのか」など、見通しがないと不安です。細かく計画を立てて見通しをもたせましょう。

Q21 音楽発表会

Q21-1 音楽発表会を成功させるには、どのようなことが必要ですか。

A21-1 「うまく歌う（演奏する）」ことがゴールではなく、どのような目標をもって取り組むかが大切です。

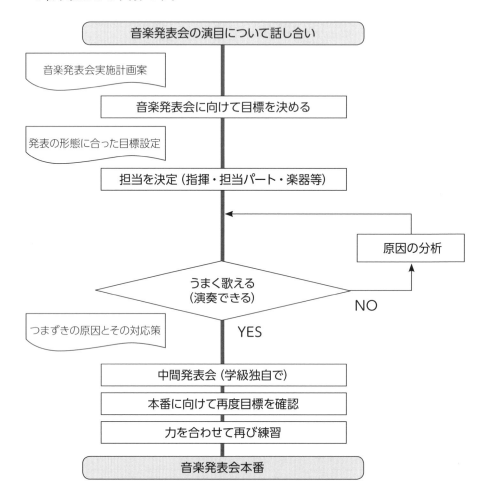

■練習時の配慮事項

知　的	「今日の頑張りポイント」を決めると、何を頑張るか分かりやすくなります。
肢　体	各小節の一拍目だけ音を出す等の工夫をすると、自信をもって演奏できます。
病　弱	楽器によっては体力を消耗するものもあります。楽器選びは慎重に行います。
弱　視	楽譜を使っての練習は、見づらいため工夫が必要になります。
難　聴	歌詞に動きをつけて取り組むと、周りとのズレが少なくなります。
言　語	構音障害がある場合は、前もって歌詞をチェックしておくとよいです。
自　情	練習メニューやスケジュールを立てると、練習に参加しやすくなります。

第Ⅳ章　特別支援学級経営のポイント 77

学校・学年・学級行事

Q21-2 発表の形態別にどのような目標を立てればよいですか。

A21-2 　発表人数や発表チームの構成によって、目標は変わります。達成感をもたせるためにはどのような目標がよいかを考えましょう。

発表の形態	目 標 の 例
少人数の学級独自で発表する	○一人一人の良さを認め合いながら音楽発表会を成功させよう ○学級のテーマソングを全校に広めよう
障害種の違う学級が一つのチームになって発表する	○それぞれの活躍の場を確認し、みんなで曲を完成させよう ○同じ担当になった者が協力し合って曲を完成させよう ○一緒にできる喜びを曲にのせて全校に届けよう
通常の学級に入って発表する	○「きれいな声で歌う」を目標に、自分の学級でも練習しよう ○自分の音に自信がもてるように、コツコツ練習を頑張ろう

Q21-3 練習に参加できない児童生徒がいます。その場合どのように対応すればよいですか。

A21-3 　音楽発表会に向けて練習をしていくと、様々な原因から練習に参加できない児童生徒が出てくるときがあります。「なぜ練習に参加しないの。」と注意する前に、その児童生徒が参加できない原因を考えると、対応が見えてきます。

児童生徒 の様子	予想される原因	対 応 例
最初から参加しない	音に対して敏感であるため、みんなの声や楽器の音が苦手	・声や楽器の音を遮るイヤーマフ等の活用を考えてみましょう。しかし、音に慣れることも大事なことです。「教室の外で練習の音を聞く」「発表する曲を休み時間に教室で聴くことを習慣化する」など工夫をしてみましょう。 ・音に敏感な児童生徒がいる場合は、参加の形態から考えていくとよいでしょう。
通常の学級での発表に参加しない	集団での取り組みが苦手	・小集団での生活になれている児童生徒にとって大きな集団での取り組みは慣れない環境です。音楽発表会に限らず、様々な場面で通常の学級に参加する機会を作りましょう。
途中で参加しなくなった	「できない」と思い込んでいる	・「合わせてみたらできなかった」というつまずきがきっかけになる場合もあります。練習のスケジュールを立てて、確認しながら曲を完成させましょう。 ・自信をなくすと、練習に参加したくない気持ちが大きくなります。毎回、学級としての目標を立て、練習の最後に児童生徒同士でよいところを発表し合うことで、自己肯定感が高められると、次への意欲につながります。

Q22 作品展示会・芸術祭

Q22-1 作品展示会・芸術祭への参加の仕方を教えてください。

A22-1 　作品展示会・芸術祭に参加するフローは、以下の通りです。学校全体の計画に沿って特別支援学級の作品制作数や展示方法等を考えます。

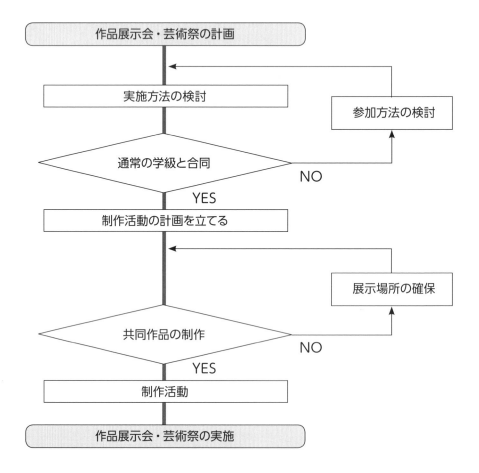

■制作時の配慮事項

知 的	発達段階に応じた題材を考えます。
肢 体	道具を使う際の補助具や支援の方法を工夫します。
病 弱	制作の時間が一度に長時間にならないよう配慮します。
弱 視	色・形の見分けや形の特徴を捉えることが難しい場合があり、工夫が必要です。
難 聴	言葉を書き加えたり、見本や例示によってイメージを捉えさせることが必要です。
言 語	見本や例示によってイメージを捉えさせることが必要です。
自 情	制作に集中できる環境づくりや感触を嫌う材料は使用しないなどの工夫が必要です。

第Ⅳ章　特別支援学級経営のポイント77

学校・学年・学級行事

Q22-2 作品展や芸術祭への参加の意義はなんですか。

A22-2 「小学校学習指導要領」「中学校学習指導要領」（文部科学省、平成29年3月）には、校内の適切な場所に鑑賞作品などを展示することや、学校や地域の実態に応じて、校外においても児童生徒の作品などの展示の機会を設けるなどするということが明記されています。授業で制作した生徒の作品や鑑賞作品などを、ふだんから展示したり、作品展示会や芸術祭等で展示したりすることは、児童生徒の学習活動への理解を深めるとともに、地域や学校と保護者や地域の連携を深める効果もあります。

Q22-3 制作にあたっては、どのようなことに気をつければよいですか。

A22-3 児童生徒の発達段階を十分に考慮した上で、持てる力が十分に発揮できるよう指導をします。

事　項	配　慮　事　項
個人作品	＜個に応じた題材＞ ・一人一人の児童生徒の発達段階を十分に考える必要がありますが、通常の学級での教育課程を重視し、該当学年に応じた作品の制作も重要です。扱う素材や道具、表現方法、鑑賞方法等、該当学年に準ずる内容を意識しながら、多様な材料や用具を用意したり種類や数を絞ったり、造形の要素の特徴や働きが分かりやすいものを例示したりするなどの配慮をします。 ＜特別支援学級で統一した題材＞ ・特別支援学級の児童生徒全員が同じ題材を扱う場合にも、単に同じ作品を制作するのではなく、該当学年を意識した個別の指導目標を達成できるような工夫が必要です。
共同作品	・一人一人が持ち味を生かして一つの課題や題材に取り組み、協力して創造できるようにします。児童生徒の発想、構想を大切にしながら、制作から完成に至る過程を考える中で、それぞれの個性を生かした分担をします。 ・共同作品は、単なる作業分担に終わってしまうことも少なくありません。また、図画工作や美術を得意とする児童生徒の作業量が多くなるなど、活動量が偏る傾向もあります。一人一人の児童生徒の目標や活動内容を十分に考え制作できるようにします。

Q22-4 どのような展示方法がありますか。

A22-4 学校全体の行事か学級単独開催かによって異なりますが、特別支援学級の学習の成果が見えるような演出を考えます。

事　項	配　慮　事　項
特別支援学級単独開催	・特別支援学級独自で開催する作品展示会の場合は、作品の制作のみならず、展示場所や展示方法、運営等を児童生徒と一緒に考えます。特に、中学校段階では、生徒自身の力で計画や運営を行う経験も大切です。 ・校内の児童生徒や教職員、保護者や地域の方にも見ていただけるよう案内状や看板等の作成活動を行うこともよいです。
学校行事として	・学習指導要領の学校行事で示されている「文化的行事」の内容を踏まえます。 ・特別支援学級としての展示あるいは、交流及び共同学習として該当学年での展示にするかは、学校全体で考えます。 ・学校のテーマを意識し、通常の学級と連携しながら、特別支援学級の児童生徒の活動計画を立てます。

Q23 運動会

Q23-1 運動会の練習が始まったら練習に参加しません。なぜでしょうか。

A23-1 練習に参加しない理由は様々です。何が苦手なのか。無理に参加させるよりも、原因を見つけることで、参加できるようになることもあります。

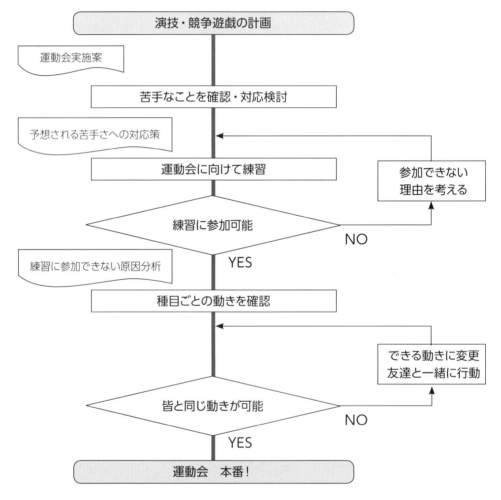

■練習前、練習中における配慮事項

知 的	難しい動きよりも、自信をもってできる動きを優先して取り入れます。
肢 体	歩行困難な場合、どの程度演技に参加できるかを本人と確認します。
病 弱	体調を見ながら、最小限の練習参加を心掛けます。
弱 視	演技図を使っての説明は難しいため、実際に動いて確認します。
難 聴	一斉の指示は聞き取りにくいため、個別に指示を出します。
言 語	演技中の掛け声、応援、歌等、自信をもってできるように練習します。
自 情	初めての練習は、教師が横に寄り添うことで不安が軽減されるはずです。

第Ⅳ章　特別支援学級経営のポイント77

学校・学年・学級行事

Q23-2 予想される苦手さへの対応はどのようにしたらよいですか。

A23-2　音への敏感さ、集団行動の難しさなど、普段の授業では気づかない困難さが表れる行事の一つです。事前に確認しておくとよいでしょう。

予想される苦手さ	対　応　例
ピストルの音が怖い	・耳栓を使い、ピストル音と同時に背中や肩をたたいて合図をしてみましょう。
スピーカーから流れる大きな音が苦手	・イヤーマフを使うと、音量が制限されます。
ざわざわした環境（座席）が苦手	・イヤーマフを使うと、雑音がある程度遮断されます。座席位置を端にするのも有効です。
新しい活動への取り組みが苦手	・練習日程と練習内容を提示して見通しをもたせると活動に参加しやすくなります。 ・初回は「見る」から始めてみましょう。
音や指示が聞き取りにくい	・教室とは全く違う環境で、聴覚障害のある児童には厳しい環境です。教師とのアイコンタクトが取りやすい場所への配置、一斉指示の後の個別の確認などは忘れないようにしましょう。

Q23-3 練習に参加できない原因として、どのようなことが考えられますか。それについての対応も教えてください。

A23-3　原因とそれに対する対応には、以下のようなことが考えられます。

予想される原因	対　応　例
大勢で活動することへの不安	・大集団で活動することに慣れていないため、参加することに不安を感じる児童生徒がいます。慣れるまでは、寄り添い支援をすることが必要です。
「できないかもしれない」という不安感	・新しいことが苦手な児童にとって、初めて行う演技は、不安要素が大きいものです。練習前から「できないかもしれない」という不安な気持ちをもつと、練習に参加できないこともあります。 ・全体練習の前に、特別支援学級だけで動きを練習することで、不安は軽減されます。特別支援学級での練習時間を朝の会の時間帯に取り入れるなど、児童生徒の障害の程度や実態等に合わせて考えてみましょう。

Q23-4 待ち時間における配慮と対応について教えてください。

A23-4　以下のように、待ち時間の対応をしっかりと考えることが必要です。

配慮が必要な場合	対　応　例
自分の席に座っていることが難しい	・おおよそのタイムスケジュールを伝えておくと、座っている時間の見通しがもてるようです。
周囲の応援する声がうるさくて苦手	・音に敏感な児童生徒は応援の声も苦手です。耐えられない様子が見られたときは、静かな場所での応援を考えます。（例：本部テント内、救護席等）
友達とトラブルになる	・友達関係を参考に、座席位置を考えて設定します。
体調管理が難しい	・児童生徒の体調を考え、テント内に座席を用意することを検討します。水分補給を忘れずに。

Q24 体育大会・陸上競技大会

Q24-1 体育大会・陸上競技大会への参加は、どのように進めればよいですか。

A24-1 以下のようなフローを念頭に、児童生徒の障害の程度と実態等に応じた学校行事への参加方法を考えます。

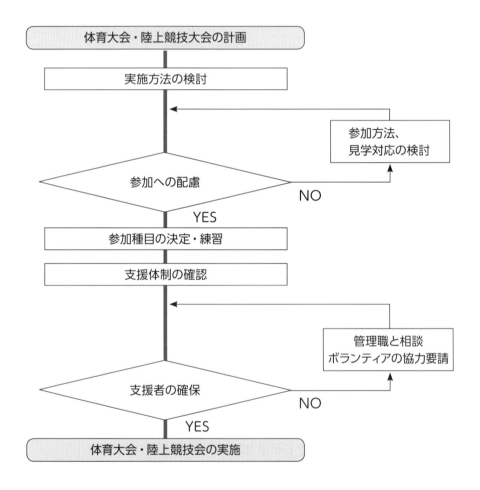

■参加する際の配慮事項

知　的	動線や種目の内容について理解できるように、繰り返し練習します。
肢　体	距離を変える、一部分参加等、本人の意思を確認しながら参加種目や方法を考えます。
病　弱	体調を確認しながら参加種目や方法を考えるとともに、休憩場所や時間を確保します。
弱　視	コースのラインの工夫や衝突しても衝撃の少ない器具の使用等に配慮します。
難　聴	音声によるスタート合図や場内アナウンスは、代替方法を用意します。
言　語	言葉以外でも意思表示ができるように、ノートや筆記具を用意します。
自　情	日程の確認、暑さ対策、緊張の緩和等、情緒が安定するように配慮します。

第Ⅳ章　特別支援学級経営のポイント 77

学校・学年・学級行事

Q24-2　体育大会・陸上競技会への参加の意義はなんですか。

A24-2　「中学校学習指導要領解説　特別活動編」「同　保健体育編」（文部科学省、平成29年7月）にある以下の内容を踏まえ、体育大会、陸上競技会を計画・実施することが大切です。

特別活動：健康安全・体育的行事	保健体育：陸上競技
体育に関する行事においては、生徒の活動の意欲を高めるように工夫するとともに、全体として調和のとれたものとし、特に生徒の負担の度合いなどに慎重に配慮することが大切である。 　体育に関する行事を実施する場合には、運動に親しみつつ体力を向上させるというねらいが十分に達せられるようにするとともに、教育的な価値を発揮するように努める必要がある。また、日頃の学習の成果を学校内外に公開し、発表することによって、学校に対する家庭や地域社会の理解と協力を促進する機会とすること。	第1学年及び第2学年では、記録の向上と競争の楽しさや喜びを味わい、技術の名称や行い方などを理解し、基本的な動きや効率のよい動きを身に付けることができるようにする。 　第3学年では、記録の向上や競争の楽しさや喜びを味わい、体力の高め方や運動観察の方法などを理解するとともに、各種目特有の技能を身に付けることができるようにする。 ＜陸上競技（領域）の内容＞ ・短距離走・リレー ・長距離走又はハードル走 ・走り幅跳び又は走り高跳び

Q24-3　参加にあたって、配慮すべきことはなんですか。

A24-3　参加方法を確認し、それぞれの学級での事前の指導が大切です。

事項	特別支援学級での指導	通常の学級と一緒に活動
特別支援学級 単独開催	・児童生徒の意思を確認しながら、力が発揮できる種目を選択できるようにする。	・特別支援学級の児童生徒が参加する種目を考慮しながら、人数調整する。
参加種目 （団体）	・特別支援学級の児童生徒のみで、チームを編成する方法もある。	・メンバーに特別支援学級の児童生徒がいる場合、どのような配慮が必要か周りの生徒が理解できるようにする。
練習・ リハーサル	・特別支援学級のみで練習する時間を設け、個別の課題を明確にし、個々の参加意欲・態度、技能を高められるようにする。	・全体練習や学年・学級単位の練習に、特別支援学級の児童生徒が参加しやすいようにする。

　その他に配慮すべき点として、体育的行事では個々の能力差が明確になるため、参加方法や支援の方法については、保護者や本人と事前に十分に話し合って理解を得ることが大切です。また、応援合戦、全校演技、演舞といった学校や地域ごとに特色のある種目があります。通常の学級との連携を密にし、双方の児童生徒にとって有意義な大会となるよう努めましょう。

　体育大会・陸上競技大会の開催時期によっては、熱中症対策が必要な場合があります。また、練習等の疲労によって体調を崩すこともあります。意思表示が難しい児童生徒もいることから、練習等の前後の健康観察をしっかり行いましょう。

Q25 卒業式

Q25-1 卒業式へはどのように参加すればよいですか。

A25-1 　　卒業生・在校生共に参加学年は、該当学年と計画の段階から綿密に打ち合わせをすることが大切です。

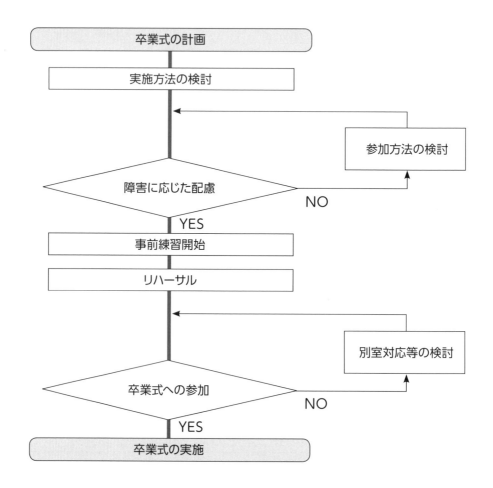

■卒業式に参加する際の練習及び当日のポイント

知　的	式全体の流れを把握できるように繰り返し練習をします。
肢　体	移動の方法や移動時の補助等、だれがどのように支援をするのか確認します。
病　弱	体調不良になったときの緊急体制について決めておきます。
弱　視	移動時の段差等への支援をします。
難　聴	呼び掛けや歌の歌い出しのタイミングを支援します。
言　語	呼び掛けや発表が苦手な場合の代替ツールを考えます。
自　情	極度の緊張や日常とは異なる状況に対応できるよう、安心グッズ等を用意します。

第Ⅳ章　特別支援学級経営のポイント 77

学校・学年・学級行事

Q25-2 儀式的行事のねらいはなんですか。

A25-2　「小学校学習指導要領解説　特別活動編」（文部科学省、平成29年6月）において、儀式的行事のねらいとして以下のように記されています。（中学校学習指導要領も同様の内容です）

　児童の学校生活に一つの転機を与え，児童が相互に祝い合い励まし合って喜びを共にし，決意も新たに新しい生活への希望や意欲をもてるような動機付けを行い，学校，社会，国家などへの所属感を深めるとともに，厳かな機会を通して集団の場における規律，気品のある態度を養う。

Q25-3 卒業式には決まった形式等がありますか。

A25-3　卒業式に決まった形式はありません。学校や地域の実情に応じて、厳粛な雰囲気を損なうことなく、内容に工夫を加えることが望ましいです。特に、壇上への移動が難しい児童生徒がいる場合は、その実施方法について、保護者や本人の意見も得ながら十分に検討することが大切です。

Q25-4 卒業式で、気をつけることはなんですか。

A25-4　関係職員と事前に十分な共通理解を図っておくことが必要です。

項　目	特別支援学級での指導	通常の学級との連携
参加方法	・特別支援学級の児童生徒の参加方法の確認をします。特別支援学級として参加する場合もあれば、交流学級の一員として参加する場合もあります。 ・個人の発表、呼び掛け等を実施する場合は、その実施内容と方法についての確認をします。言葉で発表できない児童生徒については代替の方法を考えます。	
練習内容	・入退場の仕方 ・返事、呼び掛け、歌の練習 ・卒業証書の受け取り方 ・移動の仕方	・卒業式全体の流れの中で、特別支援学級の児童生徒に必要な支援を考えながら、進めていきます。
当　日	華美になりすぎない服装での参加が望ましいです。 ・体調等を確認したり、緊張をほぐしたりします。	・特別支援学級の児童生徒の体調等気になることを伝えます。 ・予定変更や雨天時の対応など確認します。

Q25-5 当日の参加が難しい児童生徒へはどのように対応したらよいですか。

A25-5　学校教育法施行規則第58条には、「校長は、小学校の全課程を修了したと認めた者には、卒業証書を授与しなければならない」（中学校も同様）とあります。不登校や体調不良、情緒の不安定等、当日、卒業式への参加が難しい児童生徒がいる場合も、校長室や児童生徒の自宅等、校長先生から授与できるような方法を考える必要があります。その際には、担任や他の職員等、複数の教員が参加できるようにする等、児童生徒の卒業を祝福するとよいでしょう。

Q26 PTA行事

Q26-1 PTA行事へ参加する際に必要な配慮はなんですか。

A26-1 　PTA行事への参加にあたっては、以下のようなフローで進めますが、PTA役員や行事の関係者に、児童生徒のことをよく知ってもらうことが大切です。

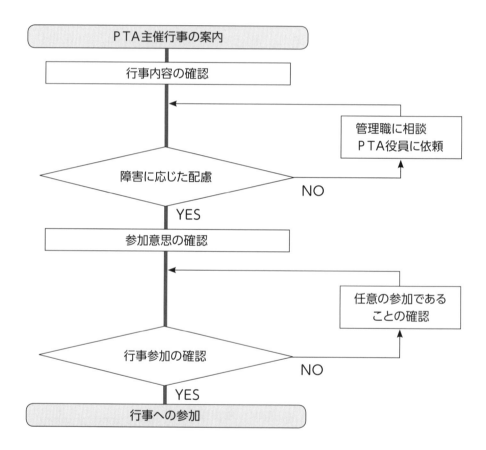

■参加する際に必要な支援

知　的	分かりやすい指示や発達段階に応じた参加の仕方を確認します。
肢　体	車いす等での参加の仕方を確認します。
病　弱	主治医の指示や救急体制を確認します。
弱　視	活動場所や活動内容での配慮の方法を確認します。
難　聴	文字や絵カードでの指示の必要性を確認します。
言　語	意思確認の方法を確認します。
自　情	クールダウンの場所を確保できるようにします。

第Ⅳ章　特別支援学級経営のポイント77

学校・学年・学級行事

Q26-2 ＰＴＡの役割や主な行事はなんですか。

A26-2　ＰＴＡとは、Parent Teacher Association の略語で、各学校で組織された保護者と教職員による社会教育関係団体のことです。家庭、学校、地域の連携を深め、児童生徒の健全育成を目的として様々な活動がされています。ほとんどの学校にあり、ほとんどの保護者が参加しており、「公益社団法人日本ＰＴＡ全国協議会」という全国組織が作られています。ただし、任意加入の団体であるため、結成や加入を義務付ける法的な根拠はありません。

＜主な行事＞

ＰＴＡの組織運営のためのもの	ＰＴＡ総会、役員会、各種委員会等
保護者間の交流を目的としたもの	社会見学、セミナー、講演会、文化教室、スポーツ大会等
地域社会への貢献を目的としたもの	資源回収、清掃活動、交通安全対策への協力、地域行事のときのパトロール等

Q26-3 特別支援学級が単独で参加するような場合はありますか。

A26-3　ＰＴＡ活動の一つとして保護者による「絵本の読み聞かせ会」や登校時の資源回収等、授業日に実施される活動もあります。また、児童会や生徒会が一緒に「あいさつ運動」を実施していることもあります。学級単位で活動へ参加する場合は担任が支援や配慮を行いますが、ＰＴＡ役員等関係する方々にも、事前に児童生徒の特性や必要な配慮について理解してもらうことが大切です。

Q26-4 参加する場合の意義や休日実施の際の参加について教えてください。

A26-4　障害のある児童生徒にとっては、地域やＰＴＡの行事に参加することは、社会性の育成や社会参加の観点からも、大きな意義があると考えます。また、他の保護者や児童生徒、地域の方々に障害理解を深めてもらうよい機会でもあります。ただし、児童生徒によっては学校以外の活動に参加することで大きなストレスを抱えたり、体力が伴わなかったりすることもあるため、一人一人の実態に応じた参加方法を考える必要があります。

　休日にＰＴＡ主催の親子活動が計画されることもあります。その際の参加は、原則保護者の判断・付き添いによりますが、障害があることで、様々な配慮を必要とすることがあります。保護者から参加方法等についての相談があれば、担任が管理職に報告し、管理職からＰＴＡの役員等に働き掛けてもらうようにします。

Q27 保護者参観・学級懇談会・個別面談（2回目以降）

Q27-1 保護者参観・学級懇談会・個別面談の2回目以降は、どのように進めればよいですか。

A27-1 実施の流れは以下のようなフローとなり、1回目と大きな違いはないと考えます。ただし、1回目の懇談内容に基づき、児童生徒の成長を確認し合うことが大切です。

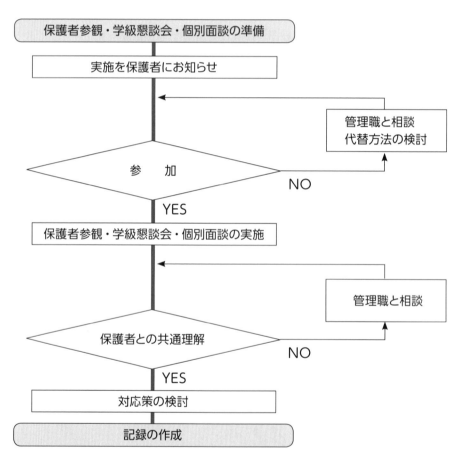

■個別懇談の際の確認事項

知　的	学習の理解度について確認します。
肢　体	学校生活全般での補助や介助のあり方を確認します。
病　弱	病状や進行、寛解等疾患の状態を確認します。
弱　視	見え方に変化はないか確認します。
難　聴	聞こえ方に変化はないか確認します。
言　語	家庭での発語の様子等を確認します。
自　情	こだわりや感覚過敏等、家庭での様子を確認します。

第Ⅳ章 特別支援学級経営のポイント77

学校・学年・学級行事

Q27-2 １年間を通して、保護者との懇談等はどのように進めたらよいですか。

A27-2 　保護者参観・学級懇談会・個別面談は、１年で複数開催されるため、その時々の目的を明確にする必要があります。また、学校から児童生徒の様子を知らせる一方的なものではなく、保護者から学級経営、指導内容、指導方法等について、評価を得られるようにすることも大切な観点です。

　以下に一例を示しましたが、PDCA サイクルを意識した保護者参観・学級懇談会・個別面談を計画し、保護者と共に児童生徒の成長や課題、個別の指導計画の進捗状況等を確認するとよいでしょう。

事 項	保護者参観	学級懇談会	個別面談
PLAN （目標設定）	・基本的な授業の進め方 ・授業の目標	・年間指導計画 ・行事計画 ・家庭での目標	・個別の指導計画等の長期・短期目標設定
DO （実行）	・児童生徒に分かりやすい授業の実践	・計画や目標に沿った実践	・個別の指導計画等に基づいた指導
CHECK （評価）	・授業内容、指導の手立ての評価	・学校及び家庭生活での目標達成度の評価	・指導結果の評価
ACTION （改善）	・授業改善	・目標達成のための支援等の改善	・個別の指導計画等の見直し

Q27-3 保護者からの要求が強い場合、どうしたらよいですか。

A27-3 　学級懇談会や個別面接等の回数が重なってくると、保護者から様々な意見や要求が出る場合があります。なかには、学校全体にかかわることや担任の判断だけでは返答ができないこと、あるいは理不尽と思われる内容もあります。そのような場合は即答を避け、管理職等と相談の上、回答するようにします。

Q27-4 出席の少ない保護者への働き掛けはどうしたらよいですか。

A27-4 　参観してもらう教科や授業の内容、学級懇談会での話題が、毎回同じようなものであると、マンネリ化してきます。できるだけ、いろいろな教科の授業を取り上げるとよいでしょう。また、交流学級で授業を受ける様子や保護者参加型の授業、給食や休み時間など、いつもと異なる場面での参観を設定すると、児童生徒の様々な側面を見てもらうことができます。学級懇談会では話し合いが活発になるよう、担任自らがファシリテーター役をやったり、積極的な情報提供を行ったりすることも効果的です。

　学校が設定した日時では参観や面談が難しい保護者には、個別に参加への働き掛けを続けていくことは必要ですが、設定した日時以外でも授業参観が気軽にできる雰囲気があるとよいでしょう。

Q28 交流及び共同学習の意義

Q28-1 交流及び共同学習は、どのような手順で決定すればよいですか。

A28-1 決定までの手順は以下のようなフローです。本人にとっても通常の学級の児童生徒にとっても、お互いが「Win-Win」の関係で、共生教育が深まるように学習や活動内容を選定していきます。

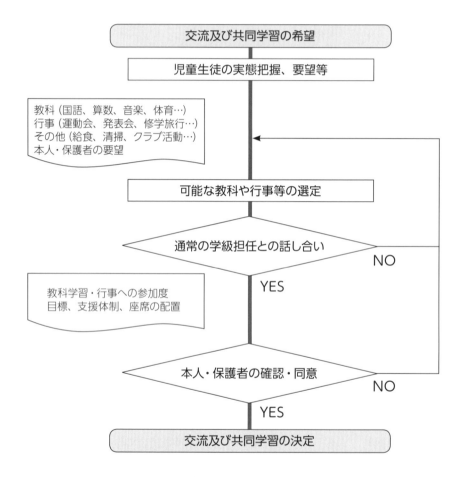

■教科等の選定基準（△は選定を検討したほうがよい教科）

知　的	知的能力の要求が少ない教科等を選定します。（△国語、△算数・数学）
肢　体	身体活動が少ない教科等を選定します。（△体育）
病　弱	運動制限が少ない教科等を選定します。（△体育）
弱　視	空間認知や視知覚の要求が少ない教科等を選定します。（△算数・数学）
難　聴	講義形式や言語指示の少ない教科等を選定します。（△国語）
言　語	発表や音読の少ない教科等を選定します。（△国語）
自　情	精神的に安定して取り組める教科等を選定します。

第Ⅳ章　特別支援学級経営のポイント77

交流及び共同学習

Q28-2 以前は「交流」だけでしたが、いつから「交流及び共同学習」へと替わったのですか。

A28-2　平成16年6月に障害者基本法が改正され、第14条第3項には、「障害のある児童及び生徒と障害のない児童及び生徒との交流及び共同学習を積極的に進めることによって、その相互理解を促進しなければならない」と示されました。この条文により、これまで「交流」だけであったのが「交流及び共同学習」に替わり、一方的な交流から相互理解への交流へと転換することとなりました。

Q28-3 交流及び共同学習の意義はなんですか。

A28-3　我が国では、障害の有無にかかわらず、誰しもが相互に人格と個性を尊重し合い、人々の多様なあり方を相互に認め合える共生社会の実現を目指しています。学校教育や地域社会での生活においても障害者への差別をなくしていき、同じ社会に生きる人間としてお互いを正しく理解し、共に助け合い、共に支え合って生きることの大切の場として交流及び共同学習があります。障害のある児童生徒にとっては、経験を広め、社会性を養い、豊かな人間性を育てる上でとても重要なことです。

Q28-4 交流及び共同学習には、どのような形態がありますか。

A28-4　交流及び共同学習の形態には、主に「学校内交流」「学校間交流」「居住地交流」「地域社会との交流」などがあります。

学習形態	主　な　内　容
学校内交流	・小・中学校の特別支援学級に在籍する児童生徒が校内の通常の学級の児童生徒と活動を共にする。 ・交流の内容としては、特定の教科への参加、給食や清掃、学校行事等を一緒に行うなどがある。
学校間交流	・特別支援学校に在籍する児童生徒が、近隣にある又は併置されている小・中・高等学校の児童生徒と活動を共にする。 ・交流の内容としては、各教科や学校行事、総合的な学習の時間等を使って共に活動する直接交流、意見交換や作品交換・展示などインターネット等のICT機器でお互いにやり取りを行う間接交流がある。
居住地交流	・特別支援学校に在籍する児童生徒が、自分が居住している地域に出掛け、小・中・高等学校の児童生徒と活動を共にする。 ・各教科や学校行事を共に活動するなどがある。
地域社会との交流	・小・中学校の特別支援学級や特別支援学校に在籍する児童生徒が、地域に住んでいる人々の所に出掛けて活動を共にする。 ・地域での行事参加、ボランティア活動、老人ホーム慰問、保育所・幼稚園訪問などがある。

Q29 通常の学級との交流及び共同学習

Q29-1 通常の学級との交流及び共同学習が決定した後には、どのような手順で進めていけばよいですか。

A29-1 決定後の手順は以下のようなフローです。交流する教科等の目標と内容を再確認し計画案を作成します。また、個別の教育支援計画や個別の支援計画に反映させるようにします。

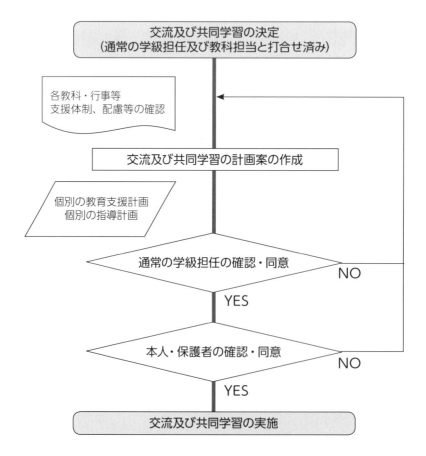

■通常の学級における付き添い教師の支援内容

知　的	学習内容や指示内容が理解できない場合には、具体的に説明します。
肢　体	板書や作業が遅い場合には、一緒に取り組むようにします。
病　弱	体調不良にならないように、環境調整して制限します。
弱　視	板書や資料が見えに場合には、拡大して提示します。
難　聴	学習内容や指示内容が聞こえない場合には、繰り返します。
言　語	発表の際に言語不明瞭な場合には、文字で書かせるようにします。
自　情	拒否やパニック様相になる前に、取り組めそうな課題等を確認します。

第Ⅳ章　特別支援学級経営のポイント 77

交流及び共同学習

Q29-2 児童生徒が複数で、かつ学年が異なる場合の交流及び共同学習は、どのような工夫が必要ですか。

A29-2 特別支援学級に在籍している児童生徒が複数いて、しかも学年が異なる場合には、交流及び共同学習がとても難しくなります。例えば、ある児童生徒に付き添って通常の学級に行ってしまうと、残された児童生徒は「自習」になります。反して、ある児童生徒が一人で通常の学級に行くと、通常の学級担任（教科担当）に「お任せ」になってしまいます。痛しかゆしです。

そこで、最適な方法をいくつか考えて見ましょう。例えば、複数の学年の異なる児童生徒を一斉に、一定の時間（月曜日の3校時、木曜日の5校時など）に通常の学級に行くようにします。特別支援学級の担任は、その時間、異なる通常の学級を巡回しながら児童生徒の支援ができます。また、複数の特別支援学級がある場合には、「合同学習」を行うことで、一方の担任が合同学習を担当し、他方の担任が通常の学級で児童生徒に付き添うことができます。

Q29-3 本人及び通常の学級の児童生徒にとっても有益になるような交流及び共同学習にするには、どのようなことに気をつけたらよいですか。

A29-3 交流及び共同学習が有益となるためには、お互いに「Win-Win」の関係が成立することを意味します。通常の学級の児童生徒が拒否したり無視する場合には、交流及び共同学習が成立しません。成立するためには、日頃から「障害者理解」の浸透が必要不可欠です。しかし、通常の学級の児童生徒だけに押し付けるのではなく、特別支援学級の児童生徒も「障害の自己理解」をしていくことが重要となります。通常の学級に入って学習するためには、「どのようなことができて、どのようなことで困難になるか」「友達に支援してほしい際には、どのように伝えるのか」などを明確にしておきましょう。

Q29-4 児童生徒の交流及び共同学習は、どの程度の時間を設定したらよいですか。

A29-4 児童生徒の知的能力や障害の程度により異なりますが、特別支援学級の在籍をもつことの意義を考えて、「根拠のある時間を設定」することが重要です。保護者からの要望等を聞くことは大切ですが、「在籍を確保している」だけの意味のない交流及び共同学習は、あってはなりません。総時数の半分程度は特別支援学級で学習させたいものです。決して、通常の学級担任や教科担当に「お任せ」することのないようにしましょう。「お任せ」する場合には、個別目標を通常の学級担任や教科担当と確認してお願いするようにします。

Q30 学校間、地域社会との交流及び共同学習

Q30-1 交流及び共同学習を行う相手の選定は、どのようにすればよいですか。

A30-1 選定の手順は以下のようなフローです。相手先（学校・学級等）の状況をしっかり把握して、お互いにメリットがあるような相手先を見つけましょう。

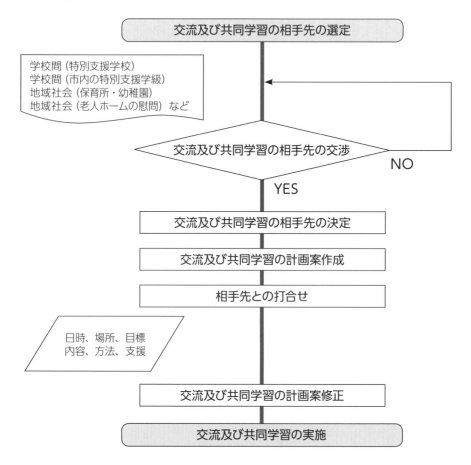

■交流活動へのスムーズな参加のために

知　的	内容が理解できるように、事前事後の指導を入念に行います。
肢　体	四肢の不自由さで活動に遅れた場合には、活動内容を選定して取り組ませます。
病　弱	活動中に体調不良を訴えた場合の緊急対応を考えておきます。
弱　視	文字が見えにくい場合には、事前に表示やプリント類を拡大しておきます。
難　聴	相手の話しが聞こえない場合には、繰り返して伝えるようにします。
言　語	相手に言葉が伝わらない場合には、文字で書かせるようにします。
自　情	活動内容に見通しがもてるように事前指導を十分に行います。

第Ⅳ章　特別支援学級経営のポイント 77

交流及び共同学習

Q30-2 交流の教育形態と最近の取組ついて、教えてください。

A30-2　　最近の交流及び共同学習は、インクルーシブ教育の浸透により、様々な教育形態が見られ積極的に行われています。特に、特別支援学校が小・中・高等学校の校舎内や隣接地に分校・分教室を併置したり、特別支援学校に在籍しながら居住地の小・中・高等学校に通学（二重籍、副籍など）しているケースもあるため、特別支援学級との交流及び共同学習も様々に取り組まれています。

　　一方、特別支援学級でも地域社会との交流も多くなってきています。具体的な取組内容は、以下に示しました。

学習形態	相手先	具体的な取組内容
学校間交流	特別支援学校	作業種体験、合同お楽しみ会など
	特別支援学級	合同宿泊学習、合同作品展示会、インターネットを活用した交流など
	保育所・幼稚園	合同制作、合同音楽会など
居住地交流	特別支援学校	合同教科等学習、合同食事会など
地域社会交流	老人ホーム慰問	演奏会、読み聞かせ、昔の遊びなど
	地域の団体地域住民	行事（お祭り等）参加、イベント参加、ボランティア活動参加など

Q30-3 教育課程への位置付けは、どうすればよいですか。

A30-3　　特別支援学級の児童生徒が様々な学習形態で交流及び共同学習（学校内交流、学校間交流、居住地交流、地域社会との交流など）を実施する場合には、双方の学校（学級）等における教育課程に位置付けたり、年間指導計画を作成したりするなど、計画的・組織的に位置付ける必要があります。

　　最初に、相手先（学校・学級等）を決定し、指導目標、指導内容・方法、評価を明確にしておくことが重要です。その交流及び共同学習を通して、障害のある児童生徒も障害のない児童生徒も、お互い「Win-Win」の関係で双方に効果的になるような学習活動を考えます。そのためには、お互いの目的を明確にし、相手先と何度か入念な打ち合わせをすることが必要となります。

Q31 キャリア教育

Q31-1 特別支援教育におけるキャリア教育は、どのように計画すればよいですか。

A31-1 特別支援学級におけるキャリア教育の指導計画は以下のようなフローになります。特別支援学級の教育課程にキャリア教育の視点を加味して、計画・実践・評価を行うことが大切です。

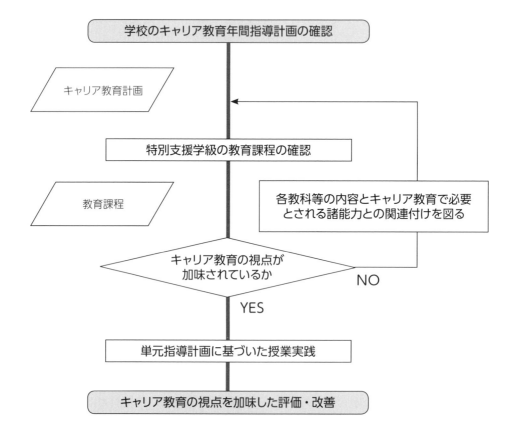

■キャリア教育の内容例

知 的	生きる力の視点から、体験的な学習や自己選択の場等を設定します。
肢 体	QOL の充実という視点から、支援を求める内容も加味します。
病 弱	自己理解を促し、人生をより豊かにする視点も加味します。
弱 視	自己理解を促し、社会体験を拡げられるようにします。
難 聴	筆談等の方法を取り、コミュニケーション能力を高めます。
言 語	自己理解を深め、自分で意思決定する場面や内容を加味します。
自 情	夢や憧れから現実の目標への見通しをもてるようにします。

第Ⅳ章　特別支援学級経営のポイント77

進路指導

Q31-2 特別支援教育におけるキャリア教育をどのように捉えたらよいですか。

A31-2　中央教育審議会答申（2011）は、キャリア教育の定義を「一人一人の社会的・職業的自立に向け、必要な基盤となる能力や態度を育てることを通して、キャリア発達を促す教育」と示しています。特別支援教育におけるキャリア教育について、菊地（2010）は、①ライフキャリアの視点、②能力観の捉え、③本人の願いへの注目、の3点を挙げています。一つ一つの授業が児童生徒にどんな意味をもつかを再考し、児童生徒の願いの実現に向けた指導・支援を工夫し、教え込みではない本人主体の取組が求められています。

Q31-3 キャリア教育の指導内容にはどのようなものが考えられますか。

A31-3　知的障害のない児童生徒の場合は、小・中学校に準ずる教育課程を編成しているため、日々の授業の中で基礎的・汎用的能力の観点から個々の障害に配慮して教育活動を工夫して行っていくことが必要です。

基礎的・汎用的能力	主な内容、要点例
人間関係形成・社会形成能力	他者理解、コミュニケーションスキル、チームワーク、リーダーシップなど
自己理解・自己管理能力	自分の役割の理解、自己の動機付け、忍耐力、ストレスマネジメントなど
課題対応能力	情報の理解・選択・処理、課題発見、計画立案、実行力、評価・改善など
キャリアプランニング能力	学ぶこと・働くことの意義や役割の理解、多様性の理解、将来設計、選択など

　知的障害がある児童生徒の教育は「生きる力の育成」を目指しています。キャリア教育を進めるには、これまでの取組をキャリア教育の視点から見直すことが重要です。以下に知的障害の児童生徒に必要なキャリア教育の指導内容の例を抜粋します。

【人間関係形成能力】 　○人とのかかわり（小中高） 　○自己理解・他者理解（中高） 　○集団参加（小中高） 　○協力・共同（中高） 　○意思表現（小中高） 　○場に応じた言動（中高） 　○挨拶・清潔・身だしなみ（小中高）	**【情報活用能力】** 　○様々な情報への関心（小中高） 　○社会資源の活用とマナー（小中高） 　○金銭の扱い（小中高） 　○金銭の使い方と管理（中高） 　○働くよろこび（小中高） 　○役割の理解と働くことの意義（中高）
【将来設計能力】 　○習慣形成（小中高） 　○夢や希望（小中高） 　○やりがい（小中高） 　○生きがい（中高） 　○進路計画（小中高）	**【意思決定能力】** 　○目標設定（小中高） 　○自己選択（小中高） 　○自己選択、決定、責任（中高） 　○振り返り（小中高） 　○肯定的な自己評価（中高） 　○自己調整（中高）

Q32 進路指導・進路学習

Q32-1 特別支援学級における進路指導は、どのような手順で行いますか。

A32-1 　特別支援学級における進路指導は、以下のようなフローになります。特に中学校卒業後の進路を選択・決定する際は、「自己理解」がキーワードになります。

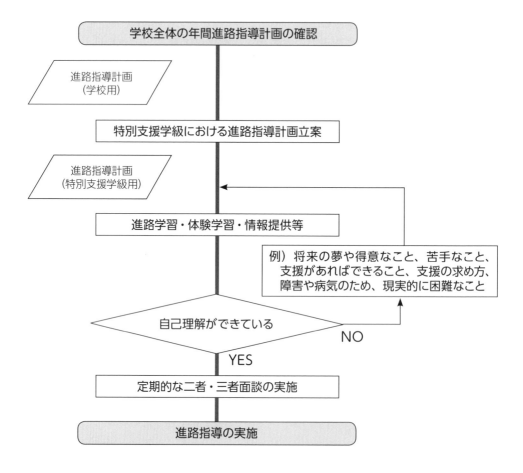

■進路指導の内容・方法の例

知　的	進路について、体験的・実際的に学ぶ機会を多く設定します。
肢　体	補助具や支援機器を活用した学習内容を検討します。
病　弱	病状に応じて ICT 機器やテレビ会議等を用いた調べ学習を設定します。
弱　視	見え方の困難さに応じた情報提供や体験内容を吟味します。
難　聴	筆談等の方法を取り、確実に話を進めるようにします。
言　語	自己理解を深め、周囲にうまく伝える学習も組み入れます。
自　情	本人の特性を踏まえ、強みが生かせる進路情報を提供します。

第Ⅳ章　特別支援学級経営のポイント 77

進路指導

Q32-2 小学校における進路指導のポイントを教えてください。

A32-2　小学校では、基本的な生活習慣や対人関係、生活する力などを高めながら中学校の生活を見据え、保護者や本人との話し合いを進め、進路に関する情報提供を行い、意識を高めていきます。

　具体的な進路先としては、中学校の特別支援学級、通常の学級、通級による指導、各障害種の特別支援学校の中学部が考えられます。進路選択に際しては、学校見学や、体験入学の機会を作ることが大切です。

Q32-3 中学校における進路指導の学習内容の例を教えてください。

A32-3　中学校では、卒業後の進路を見据え、3年間の進路指導計画を立てます。「働くこと」について学ぶ機会を設定します（Q33 現場実習・職場体験を参照）。進路に関する情報を関係機関から集め、二者面談や三者面談を通して生徒や保護者に積極的に情報提供を行い、具体的な進路を検討します。

　中学校に準ずる教育課程の場合、生徒の障害特性に配慮しつつ、総合的な学習の時間を用いて、3年間の進路指導を系統的・連続的に行うことが大切です。例えば、以下のような進路指導の学習が考えられます。

学年	単元・題材等	学習内容
1年生	「進路探索を始めよう」	・中学校生活の目標、自分を知る、様々な職業を知るなど
2年生	「進路計画を立てよう」	・関心のある職業を調べる、職場体験をする、上級学校を調べるなど
3年生	「進路選択をしよう」	・卒業後の進路を考える、進路相談、学校・就職説明会参加、体験入学参加など

　また、自立活動の時間に、自己の障害の理解やストレスマネジメント、必要に応じて周りの人に助けを求めること等を学び、生徒一人一人が夢や職業を思い描いて主体的に進路を選択できるような指導を行うことが重要です。

Q32-4 進路指導では、どのようなことに留意すればよいですか。

A32-4　軽度の知的障害や情緒障害、発達障害、不登校傾向の生徒等の場合は、特に時間をかけて話し合い、自己の得意分野や苦手分野、能力等を正しく理解する過程が重要です。学校説明会や体験入学を経て、本人も保護者もが納得し、生徒の夢を実現するための前向きな進路指導を行うことが課題です。また、「個別の教育支援計画」や学校間連絡会等で支援内容を次の進路先に確実に引き継ぐこともたいへん重要なことであると言えます。

Q33 現場実習・職場体験

Q33-1 現場実習・職場体験は、どのような手順で実施しますか。

A33-1 　現場実習・職場体験の計画から終了までのフローは以下の通りです。事業所との打ち合わせや、巡回指導等を通して、働くことや自己の生き方に目を向けられる学習になるように計画的に実施することが大切です。

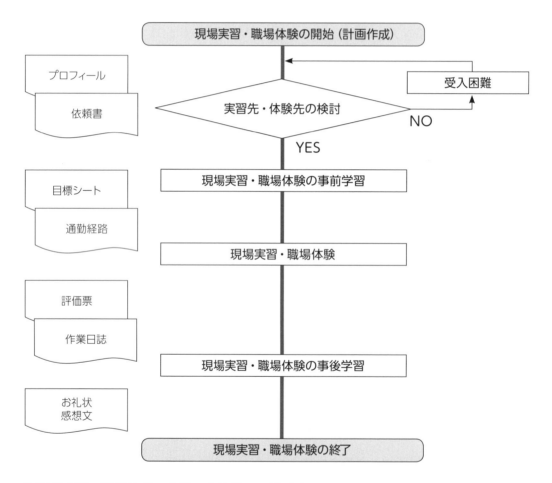

■現場実習・職場体験の事前・事後学習の検討事項

知　的	「産業現場における実習」としての実施も検討します。
肢　体	生徒ができる動きを生かした作業内容を検討します。
病　弱	活動制限を考慮しパソコン操作等の軽作業も検討します。
弱　視	十分な説明や安全に行える作業を検討します。
難　聴	筆談によるコミュニケーションを検討します。
言　語	報告、質問などコミュニケーションについて配慮します。
自　情	得意なことを生かして取り組める内容を検討します。

第Ⅳ章　特別支援学級経営のポイント 77

進路指導

Q33-2　「現場実習」と「職場体験」の違いはなんですか。

A33-2　「現場実習」は、知的障害教育の教科である職業・家庭に位置付けられ、作業学習の一環として取り組まれています。現場実習の目的は、特別支援学校学習指導要領解説によれば、「商店や企業、農業、市役所などの公的機関、作業所などの福祉施設などで、一定期間、働く活動に取り組み、職業生活の実際を経験すること」としています。

　一方、特別活動における「職場体験」は、勤労生産・奉仕的行事の一環として行われます。また、総合的な学習の時間で行う「職場体験活動」は、自己の在り方・生き方に主眼が置かれます。

　中学校では通常の学級の計画に準じて行われることが主流ですが、総合的な学習の時間の「職場体験活動」や、特別活動における「職場体験」についても、進路指導の一環として、体験的な活動を中心にして、自己理解や共生社会への主体的な参加のきっかけになるように、個別の目標を立て、計画的に実施することが大切です。また、特別支援学級の生徒の障害の程度や実態等に即した独自の取組も期待されます。

Q33-3　現場実習・職場体験を実施する上での留意点はなんですか。

A33-3　事前準備から事後学習まで、以下のような点に留意して、計画的に取り組むようにします。

事　項	留　意　点
実習先 （体験先） の開拓	・学校の教育活動として行うことを実習先（体験先）に理解してもらうよう、丁寧に説明します。実習先（体験先）、実習内容（体験内容）は生徒の実態に応じて、無理がないように検討します。
準　備	・実習先（体験先）には担当者を決めてもらい、実習期間（体験期間）や実習時間（体験時間）、仕事内容、生徒の実態や配慮事項などを説明し、適切な支援を行えるようにします。
事前学習	・通勤経路の学習や通勤練習を行うとともに、仕事内容や実習先（体験先）で必要とされる挨拶や報告、態度等について指導します。
実習中 （体験中）	・生徒の障害や実態等により、教員も一緒に必要な指導を行う、適宜巡回指導を行う、担当者に話を聞くなどが考えられます。実習先（体験先）に任せっぱなしにすることはあってはなりません。 ・評価は、作業日誌による自己評価、教員による評価のほか、実習先（体験先）からも評価を受け、今後の指導に生かします。また、実習先（体験先）の許可を得た上で、通勤中や実習中の様子などについて写真や動画等を撮り、ポートフォリオ評価に役立てます。
事後学習	・事後は保護者とお礼の挨拶に伺ったり、生徒本人が書いたお礼状などを渡したりして、実習への協力についてのお礼を伝えることが大切です。

Q34 進路選択

Q34-1 進路選択・決定までの指導は、どのように進めていけばよいですか。

A34-1 進路先の選択・決定までの指導は、以下のようなフローで進めていきます。担任は、保護者・本人と定期的に面談をし、主体的な選択・決定となるように情報提供や助言を行います。

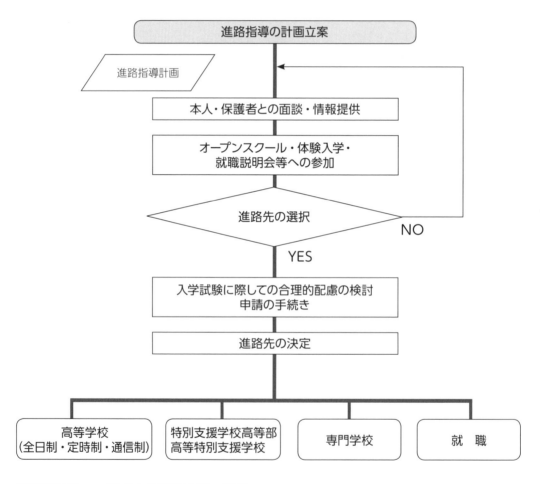

■障害特性への配慮や普通校進学の選択

知　的	高等特別支援学校などでは、療育手帳の取得が受験条件になることがあります。
肢　体	学力や知的発達、進学先の配慮により普通校進学も可能です。
病　弱	生徒の病気の状態により、無理のない進路先を選択します。
弱　視	見え方の程度や進学先の配慮により普通校進学も可能です。
難　聴	聞こえの程度や進学先の配慮により普通校進学も可能です。
言　語	思春期特有の生徒の気持ちに即した進路選択が大切です。
自　情	不登校傾向の生徒の場合、特に自己選択・自己決定が大切です。

第Ⅳ章　特別支援学級経営のポイント77

進路指導

Q34-2 進路選択に向けての学習は、どのように進めていけばよいですか。

A34-2　中学校特別支援学級卒業者21,132名の進路は、高等部進学11,645名、高校・高専進学8,264名、教育訓練機関入学394名、就職176名です（文部科学省, 2017）。進路選択への支援だけでなく、卒業後の生活が豊かなものになるように、中学校入学段階から3年間の見通しをもって進路指導に関する計画を立てることが大切です。進路選択や進路決定にあたっては、次のようなことが重要となります。

事　項	主　な　ポ　イ　ン　ト　等
情報収集	・担任は中学1年生の段階から上級学校や福祉・労働等の情報を収集して教室に掲示したり、本人・保護者に積極的に情報提供したりするなどして、進路選択は身近な課題であるということを共通理解できるようにします。
職場見学 職場体験	・働くことについて、実際的・体験的に学ぶ場を計画的に設定します。（Q33 現場実習・職場体験を参照）
進路学習 （観点の例）	・成人したときや30歳のときなどの自分の姿をイメージ化 ・自分の得意なこと、苦手なことを知る自己理解の学習 ・先輩の話を聞いたり頑張っている姿 ・体験入学や職場体験等を通しての進路イメージ ・個人面談や三者面談等で自分の意思を表明 ・入学試験（実技、面接等）の模擬練習
進路相談 （本人） （三者面談）	・本人の夢や憧れを尊重しながら、選択肢を具体的に示し、自らの生き方在り方を真剣に考えられるようにします。 ・三者面談を通して、進路選択・進路決定について本人、保護者、学校が共通理解を図れるようにします。
入学条件 入学選考	・特別支援学校高等部、高等特別支援学校の入学条件は、基本的には学校教育法施行令第22条の3に示す障害の区分及び程度に該当する者となっています。 ・高校、特別支援学校高等部、高等特別支援学校は入学選考があります。過去問題の開示請求を活用します。 ・高等学校の入試や入学後の学校生活に「合理的配慮」を希望する場合、事前に問い合わせをして、協議することが必要です。
障害者手帳 の有無	・自治体によっては、特別支援学校や高等特別支援学校の受験に障害者手帳を取得していることや、医師の診断書の提出が必要な場合があります。
個別の移行 支援計画	・合格決定後、在籍校から進学先に「個別の教育支援計画」や「個別の移行支援計画」を提出したり、関係者で情報交換をしたりして、継続した支援を行うよう努めます。
その他	・生徒が学ぶ意義や働く意義を理解し、目的をもって進路先を決定できるように、十分な話し合いをします。

Q35 個別の教育支援計画と個別の指導計画

Q35-1 個別の教育支援計画と個別の指導計画（以下、個別の計画）は、どのように作成していけばよいですか。

A35-1 個別の計画の作成手順は以下の通りです。2つの計画は異なりますから、明確に分けて作成します。

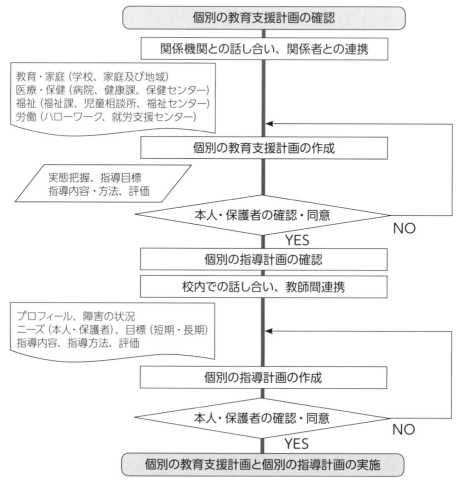

■関係機関との連携の記載内容

知 的	教育センターや特別支援学校等との連携、療育手帳の有無などを記載します。
肢 体	整形外科医や理学・作業療法士との連携、リハビリについてなどを記載します。
病 弱	内科医や循環器科医との連携、運動制限についてなどを記載します。
弱 視	眼科医との連携、ビジョントレーニングについてなどを記載します。
難 聴	耳鼻科医との連携、補聴器や人工内耳の調整についてなどを記載します。
言 語	言語聴覚士や歯科医等との連携、言語治療についてなどを記載します。
自 情	精神科医や脳神経科医等との連携、薬物治療などを記載します。

第Ⅳ章　特別支援学級経営のポイント 77

個別の計画

Q35-2 個別の計画は、必ず作成しなければならないのですか。

A35-2　学習指導要領の総則では、以下のように特別支援学級の児童生徒に対して個別の教育支援計画と個別の指導計画の作成が義務付けられています。なお、「通級による指導」の児童生徒も同様です。

> （1）障害のある児童（生徒）などへの指導
> 　（Ⅰ）特に、特別支援学級に在籍する児童（生徒）や通級による指導を受ける児童（生徒）については、個々の児童（生徒）の実態を的確に把握し、個別の教育支援計画や個別の指導計画を作成し、効果的に活用するものとする。

Q35-3 個別の教育支援計画と個別の指導計画の違いはなんですか。

A35-3　2つの計画は別々のものです。その違いは次の通りです。

個別の教育支援計画	障害のある児童生徒を生涯にわたって支援する観点から、一人一人のニーズを把握して、関係機関（教育、福祉、医療、保健、労働等）の関係者が連携し協議しながら長期的な視点で乳幼児期から学校卒業後までを通じて、一貫して的確な教育支援を計画化したもの。
個別の指導計画	個別の教育支援計画を受けて、学校において教育課程の具現化を図るために、各課題に対して担任等が指導内容・方法をより具体的に示し計画化したもの。

Q35-4 個別の計画は、作成手順や書式内容が決まっているのですか。

A35-4　障害のある児童生徒に対する個別の計画は作成義務がありますが、作成手順や書式内容は明確に示されていません。しかし、一般的な作成手順は、①児童生徒の実態把握、②指導目標の設定、③具体的な指導内容・方法の明確化、④評価といったプロセスで行われます。

　また、書式も様々に示されていますが、一般的な内容は、①児童生徒のプロフィール、②障害の状況、③本人・保護者のニーズ、④目標（短期・長期）、⑤指導内容、⑥指導方法、⑦評価などです。

　次頁には、個別の教育支援計画と個別の指導計画の書式例を示しました。

Q35-5 個別の計画を活用していくには、どうすればよいですか。

A35-5　個別の計画を作成したことで安心してしまい、「活用していないのでは？」といった意見も少なくありません。個別の計画は、計画的・組織的に行うものです。「計画（Plan）→実行（Do）→評価（Check）→改善（Act）」のプロセスで活用し、個別の計画が障害の改善・克服につながるようにしたいものです。

Q35 個別の教育支援計画と個別の指導計画

個 別 の 教 育 支 援 計 画 (プ ロ フ ィ ー ル)

学校名： 市立 小学校

氏　名		（　　）	性別		生年月日	平成　年　月　日
住　所					連絡先(TEL)	
家族構成						
障害の程度及び合理的配慮	診断名 判断名					
	手帳等					
	服　薬					
	合理的配慮（合意形成）					
就学前までの状況及び支援内容	生育歴					
	医療／療育					
	保　育					
	教育相談					
	通院／病気					
在学にかかわる実態	諸検査					
	身辺処理					
	学習／認知					
	行　動					
	言語／対人					
	健康／運動					
	家庭生活					
	趣味趣向					
在学にかかわる関係機関の判断及び支援体制	教　育（学　校）					
	家　庭					
	医　療					
	福　祉					
	専門家チーム巡回相談					
	教育委員会					
特記事項						

第Ⅳ章　特別支援学級経営のポイント 77

個別の計画

個 別 の 教 育 支 援 計 画（卒業まで）

学校名：　　市立　　　小学校

氏　名	（　　　）	性別		生年月日	平成　　年　　月　　日
プロフィールの 総合所見 及び 支援方針					
目　標 （卒業時）					
期　間					
評　価					

	関係機関	時　期	関係者の役割と具体的な支援内容
関係機関 との連携	学　校		
	家　庭		
	医　療		
	福　祉		
	専門家チーム 巡回相談		
	教育委員会		

作　成　日	学年・組	在籍学級	担任名（印）	管理職（印）	保護者（印）
平成　年　月　日	年　組				
平成　年　月　日	年　組				
平成　年　月　日	年　組				
平成　年　月　日	年　組				
平成　年　月　日	年　組				
平成　年　月　日	年　組				

Q35 個別の教育支援計画と個別の指導計画

個 別 の 指 導 計 画 （1年間）

学校名： 市立　　小学校

氏　　名		（　　　　）	学年学級	年　　組	担任名	
目　　標 （1年間）						
期　　間						
評　　価						

学期	教科	領域／単元等	目　　標	場所/担当者	指 導 方 法	評　　価
1 学 期	国語					
	社会					
	算数					
	理科					
	音楽					
	図画工作					
	体育					
	外国語活動					

個別の計画

外国語				
道徳				
生活単元学習				
作業学習				
特別活動				
総合的な学習の時間				
自立活動				
特別活動				

Q36 合理的配慮と個別の教育支援計画

Q36-1 障害のある児童生徒への合理的配慮は、どのようにして決め、どのように個別の教育支援計画に明記するのですか。

A36-1 個別の教育支援計画に合理的配慮を記載するまでのフローは、以下の通りです。合理的配慮の基礎となる教育環境整備から話し合います。

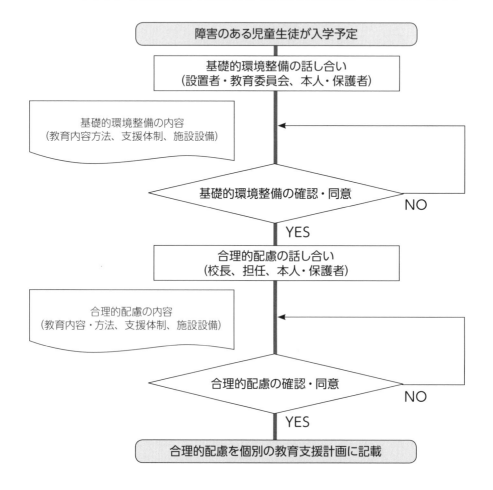

■基礎的環境整備（左側）と合理的配慮（右側）の具体例

知 的	教材・教具、支援具など	知的能力や認知能力を高める教材・教具、支援具など
肢 体	スロープ、エレベーターなど	肘支え机、歩行器、ICT機器など
病 弱	紫外線カットガラス、エアコンなど	加湿器など
弱 視	拡大文字表示など	座席の配置、ICT機器、拡大鏡、電子教科書など
難 聴	FM電波装置、電磁ループなど	補聴器、拡声器など
言 語	防音室など	言語機能や発語明瞭度を高める教材・教具など
自 情	個室（暗室）、エアコンなど	ボールクッション、トランポリンなど

第Ⅳ章　特別支援学級経営のポイント 77

個別の計画

Q36-2 合理的配慮とは、どのようなことですか。

A36-2　合理的配慮とは、「障害のある子供が、他の子供と平等に教育を受ける権利を享有・行使することを確保するために、学校の設置者及び学校が必要かつ適当な変更・調整を行うことであり、障害のある子供に対し、その状況に応じて、学校教育を受ける場合に個別に必要とされるものであり、学校の設置者及び学校に対して、体制面、財政面において、均衡を失した又は過度の負担を課さないもの」と定義しています（文部科学省，2012）。

Q36-3 合理的配慮と基礎的環境整備の違いはなんですか。

A36-3　基礎的環境整備とは、合理的配慮の基礎となる教育環境整備であり、国・都道府県・市町村・学校等が行うものです。これらを基に、設置者及び学校が各学校において、障害のある児童生徒に対し、その状況に応じて合理的配慮を提供します。例えば、四肢に麻痺があり車いす使用の児童生徒が入学する場合、教育委員会が学校にスロープ等を設置するのは「基礎的環境整備」であり、手指機能が困難で板書を写すのに時間がかかるので、iPad などのタブレット端末やデジカメ等を使用することは「合理的配慮」です。合理的配慮は、障害のある児童生徒が個別に必要なものです。学校教育における合理的配慮の観点として、次のような内容が例示されています。

観点① 教育内容・方法	①-1　教育内容 　　①-1-1　学習上又は生活上の困難を改善・克服するための配慮 　　①-1-2　学習内容の変更・調整 ①-2　教育方法 　　①-1-1　情報・コミュニケーション及び教材の配慮 　　①-1-2　学習機会や体験の確保 　　①-1-3　心理面・健康面の配慮
観点② 支援体制	②-1　専門性のある指導体制の整備 ②-2　幼児児童生徒、教職員、保護者、地域の理解啓発を図るための配慮 ②-3　災害時等の支援体制の整備
観点③ 施設・設備	③-1　校内環境のバリアフリー化 ③-2　発達、障害の状態及び特性等に応じた指導ができる施設・設備の配慮 ③-3　災害時等への対応に必要な施設・設備の配慮

Q36-4 合理的配慮は、個別の教育支援計画に明記しなければならないのですか。

A36-4　合理的配慮の内容については、「合理的配慮について設置者・学校と本人・保護者により、可能な限り合意形成を図った上で決定し、提供されることが望ましく、その内容を個別の教育支援計画に明記することが望ましい」と示されています（文部科学省，2012）。

Q37 個別の移行支援計画と引継ぎ

Q37-1 個別の移行支援計画は、どのように作成すればよいですか。

A37-1 作成手順は以下の通りです。進学先や就労先が決まった時点で、本人の特性や実態、これまでの学習状況等を作成します。

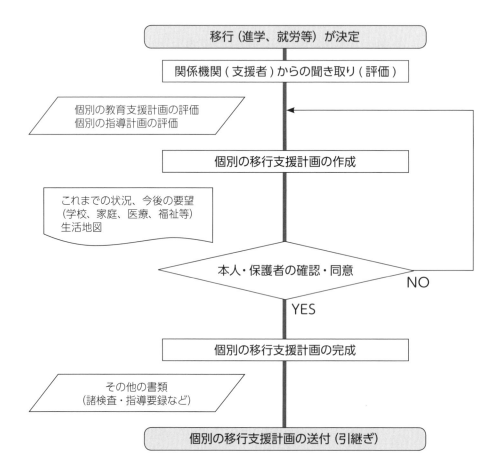

■進学先への要望等の内容

知　的	今後取り組んでほしい学習内容や目標など
肢　体	身体運動の困難性が予想される教科や行事など
病　弱	教科や行事等での運動制限の内容など
弱　視	見える大きさの文字ポイント数など
難　聴	声の大きさの程度、指示が聞こえる座席の配置など
言　語	言語理解できない場合に、サイン言語等の方法など
自　情	精神安定を維持できるような学習環境や支援方法など

個別の計画

Q37-2 個別の移行支援計画とは、どのような計画ですか。

A37-2 個別の移行支援計画とは、卒業後の円滑な就労支援を目的として、学校から社会へのスムーズな移行を可能とし、関係者の適切な支援の下に地域での豊かな暮らしづくりを目指すために計画化されたものです（文部科学省，2003）。当初は、盲・聾・養護学校の高等部生徒のための就労先への引継ぎ資料の一つとして作成されました。現在では、中学校、高等学校、特別支援学校への引継ぎ資料としても活用されています。小・中学校の特別支援学級からは次の移行パターンが考えられます。

小学校特別支援学級	中学校通常の学級 中学校特別支援学級 特別支援学校中学部
中学校特別支援学級	高等学校（全日制、定時制、通信制） 高等特別支援学校 特別支援学校高等部 就労（一般、福祉）

Q37-3 個別の移行支援計画は、作成しなければならないのですか。

A37-3 個別の移行支援計画は、作成義務がありませんが、最近になり進学先への引継ぎ資料の一つとして作成することが多くなってきました。

書式や内容も決まった形式がなく様々に示されていますが、一般的には、関係機関（学校、家庭、医療・保健、福祉、労働等）の支援担当者による具体的な内容（①これまでの状況、②今後の要望）について記載します。さらに、家庭生活、余暇活動、地域での活動参加を示した「生活地図」も付け加えます。文末には、保護者と学校長の印鑑が捺印されます。

Q37-4 個別の計画を進学先へ引継ぐ際には、どのようなことに配慮しなければならないですか。

A37-4 個別の計画（個別の教育支援計画、個別の指導計画、個別の移行支援計画）を進学先に引継ぐ場合には、この計画の中に個人情報が含まれていますので、本人・保護者の同意を得るなどして引き継ぐようにします。例えば、本人・保護者や教育委員会の同意を得ながら、個別の計画をCD-ROMに保存し、それを相手先に提供することで、スピーディで正確な支援ができることもあります。

Q38 通知表の作成と学習評価

Q38-1 通常の学級の通知表との違いはなんですか。

A38-1 　知的な遅れがなく、通常の学級と同様な教育課程の場合には、通常の学級と同じ通知表を使うことができます。しかし、知的な遅れがあり特別な教育課程を編成している場合には、特別支援学校学習指導要領も参考にしながら指導目標を定め、独自の通知表を作成します。

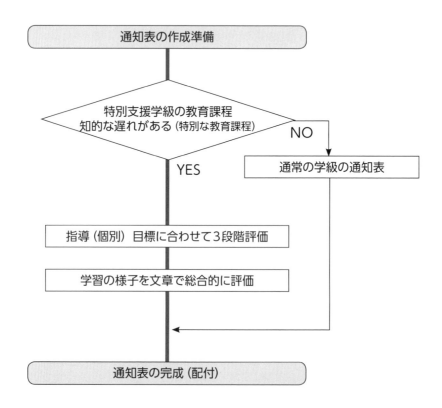

■通知表の記載のポイント

知 的	特別支援学校学習指導要領と小・中学校学習指導要領の内容目標から観点を決めます。
肢 体	学年の指導内容と体験的な活動を通した自立活動を含めます。
病 弱	学年の指導内容と間接的・疑似体験を入れた学習活動などの自立活動を含めます。
弱 視	学年の指導内容と空間や時間の概念形成の充実を図った自立活動を含めます。
難 聴	学年の指導内容と音声、指文字等を活用した意思の相互伝達を含む自立活動を含みます。
言 語	通級指導の目標、指導回数、状況等が記載された自立活動の記録します。
自 情	学年の指導内容と対人関係の形成や心理的安定や集団参加の自立活動を含めます。

第Ⅳ章　特別支援学級経営のポイント 77

学習評価

Q38-2 学習評価は、どのようにするのですか。

A38-2　　学習指導要領では、全ての教科等において、教育目標や内容を資質・能力の3つの柱に基づいて評価します。つまり、①「知識・技能」、②「思考力・判断力・表現力」、③「主体的に学習に取り組む態度」の3観点で学習状況を評価します。その際、「学びに向かう力、人間性等」については、感性や思いやりなど幅広いものが含まれますが、観点別評価になじまないことから「主体的に学習に取り組む態度」として設定し、感性や思いやりなどは観点別評価の対象外として、個人内評価（個人のよい点や可能性、進歩の状況など）とします。

【資質・能力の3つの柱】
① 「何を知っているのか、何ができるか」生きて働く知識・技能の習得
② 「知っていることできることをどう使うか」未知の状況にも対応できる思考力、判断力、表現等の育成
③ 「どのように社会・世界と関わりよりよい人生を送るか」学びを人生や社会に生かそう
　 とする学びに向かう力、人間性等の涵養

【通知表の例】　（A：よくできる　B：できる　C：もう少し）

<table>
<tr><th colspan="2">観点</th><th>領域</th><th>個　別　目　標</th><th>1学期</th><th>2学期</th><th>3学期</th></tr>
<tr><td rowspan="5">算数</td><td>知識・技能</td><td>数と計算</td><td>100までの数について唱えたり、数えたり、書き表したりできる。</td><td>A</td><td></td><td></td></tr>
<tr><td rowspan="2">思考・判断・表現</td><td>数量関係</td><td>数のまとまりに着目し、数の数え方や数の大きさの比べ方、表し方について考え学習や生活に生かすことができる。</td><td>B</td><td></td><td></td></tr>
<tr><td></td><td></td><td></td><td></td><td></td></tr>
<tr><td>主体的に学習に取り組む態度</td><td>量と測定</td><td>身の回りのものの特徴に着目し、目的に応じた単位で量の大きさを的確に表現したり、比べたりすることができる。</td><td>A</td><td></td><td></td></tr>
<tr><td colspan="2" style="text-align:center">1学期</td><td colspan="2" style="text-align:center">2学期</td><td colspan="3" style="text-align:center">3学期</td></tr>
<tr><td colspan="2"></td><td colspan="2"></td><td colspan="3"></td></tr>
</table>

Q38-3 学習評価の技法には、どんな種類がありますか。

A38-3　　学習評価の技法には、7つの評価モデルがあります（高浦，1998）。特別支援学級の児童生徒には、「主体的に学習に取り組む態度」の評価の観点として、活動の学習過程、報告書や作品、発表や討論などに見られる学習状況や成果についての良い点、進歩の状況など総合的に評価することが重要です。

■評価技法の7モデル　　　　　　　　　　　　　　　　　　　　　　　　（高浦，1998 より作成）

ポートフォリオ	蓄積した資料を整理して、児童生徒と対話しながら評価します。
プロフィール	観点別に点数化し、それを見ながら次の課題を設定して評価します。
パフォーマンス	実技・討論・発表などの活動を観察しながら評価します。
プロダクト	作文・レポート・絵画・彫刻等の作品の良さを評価します。
プロセス	学習過程内の興味関心、満足感、課題意識等を評価します。
プロジェクト	あるテーマについて、企画と運営を自己評価します。
パーソナリティ	年表形式で振り返り、年間の学習を観点別に評価します。

Q39 通知表と個別の指導計画との関連

Q39-1 通知表と個別の指導計画を一体化させて作成するときの手順は、どのようにすればよいですか。

A39-1 特別の教育課程を編成している場合などでは、通知表と個別の指導計画を一体化させて作成したほうが分かりやすい場合もあります。両者で必要不可欠な項目を確認し、個別の指導計画の中に、通知表の項目を組み込むようにするとよいでしょう。

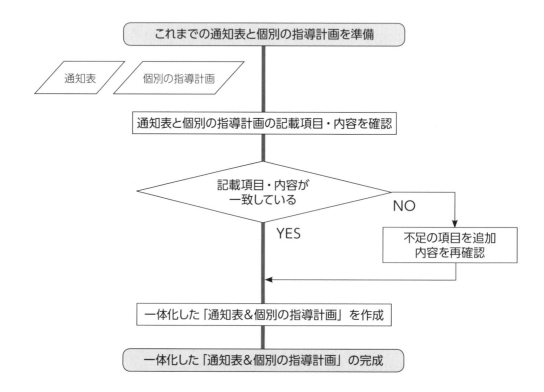

■一体化した通知表と個別の指導計画を作成する際の整合性の確認事項

知 的	知的な遅れに配慮しての目標設定、指導内容、指導方法の具体化など
肢 体	身体の動きの状態や認知の特性を考慮した目標設定、指導内容、指導方法の具体化など
病 弱	病気の状態や学習状態の制限を考慮した目標設定、指導内容、指導方法の具体化など
弱 視	読書機器やパソコン等の活用によって情報を収集整理できるような目標設定、指導内容、指導方法の具体化など
難 聴	意思の相互伝達ができるように発音の明瞭化、語彙を豊かにするような目標設定、指導内容、指導方法の具体化など
言 語	言葉の明瞭度を促すような教材の選択に関する目標設定、指導内容、指導方法の具体化など
自 情	生活に必要なルールの習得や対人関係の形成がなされるような場を設定した目標設定、指導内容、指導方法の具体化など

第Ⅳ章　特別支援学級経営のポイント 77

学習評価

Q39-2 通知表と個別の指導計画とは、どこが異なるのですか。

A39-2　通知表は、学校等が児童生徒の教科等の成績評価や日常生活の記録などをまとめ、児童生徒及び保護者へ通知するものです。指導要録は法的表簿ですが、通知表は作成の法的根拠がなく、学校の任意により作成します。「通信表」「通知簿」などの名称もあり様々です。また、「あゆみ」「伸びゆく姿の様子」などタイトルを付ける場合もあります。

　一方、個別の指導計画は、「個別の教育支援計画」を受けて、学校において教育課程の具現化を図るために、各課題に対して担任が各教科等の指導内容・方法をより具体的に示し計画化したものです（Q35参照）。特別支援学級など、障害のある児童生徒に対しては、学習指導要領において、その作成が義務付けられています。

Q39-3 通知表と個別の指導計画は、別々に記載しなければならないのですか。

A39-3　通知表と個別の指導計画を別々に作成していることが多いと思われます。特に、配慮しなければならないことは、指導目標や学習評価が食い違わないように、整合性があるように記載することです。保護者にとっては、指導目標や学習評価が通知表と個別の指導計画とで異なると、どちらが本当の児童生徒の姿なのか分からなくなることがあります。

　一方、この両者を一緒にした形で作成することも可能です。両者の整合性、担任の負担感、通常の学級の通知表に書きづらいといった点から合体させることもあります。この場合、個別の指導計画の中に通知表の項目である「出欠の記録」「行動の記録」「特別活動の記録」などを入れるとよいでしょう。

Q39-4 特別支援学級の通知表は、通常の学級の様式と同じでよいですか。

A39-4　知的能力に遅れがなく、支援の程度が少ない特別支援学級の児童生徒が、通常の学級で多くの時間、教科学習等をしている場合、通知表も通常の学級と同様な様式を活用していることが見られます。

　しかし、特別支援学級の教育課程には、「自立活動」がありますので追加修正しなければなりません。また、どんなに支援の程度が少ないといっても、通常の学級の児童生徒と同様に学習できないから特別支援学級に在籍しているのです。したがって、教科等の個別目標も当然異なってきますので、児童生徒の障害の程度と実態等に合わせて通知表を作成することをお勧めします。

Q40 指導要録の作成

Q40-1 特別支援学級の指導要録は、通常の学級とどのように違いますか。

A40-1 学籍に関する記録は同じで、指導に関する記録の様式が異なります。児童生徒の実態に応じた様式を使用します。指導要録は市区町村教育委員会が定めるので確認をしてください。個別の指導計画での指導目標を踏まえた記載をします。

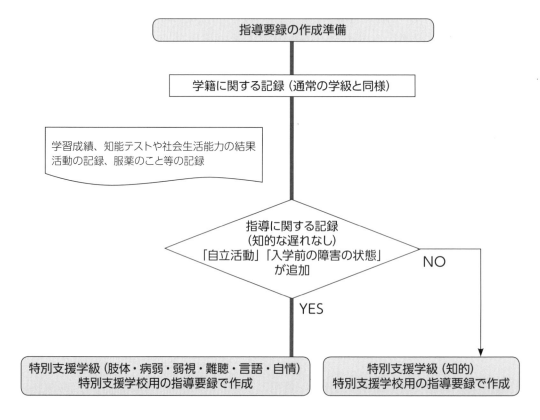

■指導要録の作成ポイント

知 的	下学年の内容を扱っている場合や交流学習及び共同学習している場合などを教科欄に記入します。
肢 体	各障害種別に合わせた自立活動を記載します。
病 弱	
弱 視	
難 聴	
言 語	・通級による指導を受けている場合には、指導期間、回数、内容を「総合所見及指導上参考となる諸事項」に記載します。
自 情	・「視覚・聴覚・肢体・病弱」の特別支援学級用の指導要録を使用します。

第Ⅳ章　特別支援学級経営のポイント 77

学習評価

様式2（指導に関する記録）

児 童 氏 名	学 校 名	区分　　学年	1	2	3	4	5	6
		学　級						
		整理番号						

各教科の学習の記録

Ⅰ　観点別学習状況

教科	観点　　　　学年	1	2	3	4	5	6
国語	言語についての知識・技能						
	話す・聞く能力						
	書く能力						
	読む能力						
	主体的に国語に取り組む態度						
社会	社会的な事象についての知識・技能						
	社会的な思考・判断・表現						
	社会的事象について主体的に取り組む態度						
算数	数量や図形についての知識・技能						
	数学的な思考・判断・表現						
	主体的に算数に取り組む態度						
理科	自然事象の知識　観察・実験の技能						
	科学的な思考・判断・表現						
	主体的に問題解決しようとする態度						
生活	活動や体験の気づきと技能						
	社会，自然と自分との関わりの思考・表現						
	意欲や自信をもって生活する態度						
音楽	音楽表現の技能						
	鑑賞の能力						
	音楽に親しむ態度						
図工	創造的な技能						
	発想や構想の能力						
	創造しようとする態度						
家庭	家庭生活の理解・技能						
	日常生活の課題を解決する力						
	生活をよりよくする実践的な態度						
体育	健康・安全の理解，運動の技能						
	運動や健康についての思考・判断						
	意欲的に運動する態度						

Ⅱ　評　定

学年	教科	国語	社会	算数	理科	音楽	図画工作	家庭	体育
3									
4									
5									
6									

特 別 の 教 科 　道 徳

学年	学習の状況及び道徳性に係る成長の様子
1	
2	
3	
4	
5	
6	

> 小学校（弱視/難聴/肢体/自閉・情緒）用
>
> 通常の学級と教科のところは同じ。

外 国 語 の 記 録

観点　　　　学年	5	6
外国語の技能		
コミュニケーションの表現		
コミュニケーションをはかろうとする意欲		

総合的な学習の時間

学年	学習活動	観点	評価
3			
4			
5			
6			

特別活動の記録

内容	観点　　　　学年	1	2	3	4	5	6
学級活動							
児童会活動							
クラブ活動							
学校行事							

125

指導要録の作成

児童氏名

行動の記録

項目＼学年	1	2	3	4	5	6	項目＼学年	1	2	3	4	5	6
基本的な生活習慣							思いやり・協力						
健康・体力の向上							生命尊重・自然愛護						
自主・自立							勤労・奉仕						
責任感							公正・公平						
創意工夫							公共心・公徳心						

自立活動の記録 / 入学時の障害の状態

第1学年		第4学年	
第2学年		第5学年	
第3学年		第6学年	

「自立活動の記録」と「入学時の障害の状態」の項目があるのが、通常の学級と違う。

総合所見及び指導上参考となる諸事項

第1学年		第4学年	
第2学年		第5学年	
第3学年		第6学年	

出欠の記録

区分＼学年	授業日数	出席停止・忌引等の日数	出席しなければならない日数	欠席日数	出席日数	備考
1						
2						
3						
4						
5						
6						

第Ⅳ章　特別支援学級経営のポイント 77

学習評価

様式2−1（指導に関する記録）

児童氏名	学 校 名	区分 \ 学年	1	2	3	4	5	6
		学　級						
		整理番号						

				各教科・特別活動の記録				
	1	2	3	4	5	6
国語						
社会						
算数						
理科						
音楽						
図画工作						
家庭						
体育						
特別活動						
外国語						
道徳						

様式2−1、2−2、2−3は、知的障害特別支援学級（小学校）のものである。文章で表記する。中学校の場合は、教科名が変わる。

127

指導要録の作成

様式2-2（指導に関する記録）

児童氏名

学年 教科等	1	2	3	4	5	6
総合的な学習の時間						
領域・教科を合わせた指導　日常生活の指導・生活単元学習	（日常生活の指導） （遊びの指導） （生活単元学習）	（日常生活の指導） （遊びの指導） （生活単元学習）				
自立活動の指導						

実態に合わせて、各教科を合わせた指導を行った場合に記載する。
　日常生活の指導
　遊びの指導
　生活単元学習
　作業学習

文章表記で記載するが、内容量に合わせ、線で区切って書く

第Ⅳ章　特別支援学級経営のポイント 77

学習評価

様式2－3（指導に関する記録）

児童氏名

文章で記載

行　動　の　記　録		入学時の障害の状態
第1学年	第4学年	入学前の検査、診断名を記載
第2学年	第5学年	
第3学年	第6学年	

総　合　所　見　及　び　指　導　上　参　考　と　な　る　諸　事　項	
第1学年　検査結果、服薬等の記載を含む	第4学年
第2学年	第5学年
第3学年	第6学年

出　欠　の　記　録

学年＼区分	授業日数	出席停止・忌引等の日数	出席しなければならない日数	欠席日数	出席日数	備　考
1						
2						
3						
4						
5						
6						

129

Q41 登下校時の対応

Q41-1 登下校の方法はどんな選択肢があって、どのように決めるのですか。

A41-1 登下校の方法は、主に保護者やスクールバス・福祉サービス利用での送迎・公共交通機関の利用・徒歩などがあります。しかし、それらの選択や方法については、以下のフローのように本人・保護者と十分に時間をかけて検討することが必要です。

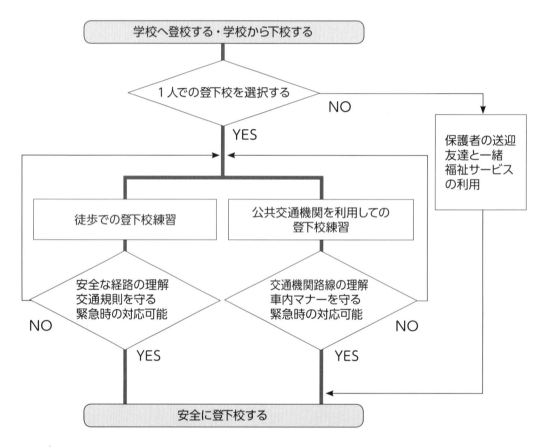

■安全な登下校のための配慮例

知　的	信号の識別・確認の方法や道路横断方法の練習など
肢　体	車いす通行可能な道路空間の確認、ノンステップバスの利用など
病　弱	具合が悪くなった際の休憩場所の確認など
弱　視	音響式信号機の有無、歩道や点字ブロックの確認など
難　聴	標識や路線表示の確認など
言　語	困ったときに即、相手に訴えることのできる文字カードの作成など
自　情	青信号の残り時間を表示する経過時間表示機能付き信号の確認など

第Ⅳ章　特別支援学級経営のポイント 77

保護者との連携

Q41-2 安全な登下校のためには、どのようなことに配慮したらよいですか。

A41-2　配慮内容は、登下校の手段によって以下のように変わります。

＜徒歩の場合＞

①安全な通学経路（見通しのよい道路、交通量、標識の有無、音響式信号機の有無、歩道や点字ブロックの整備、車いす通行可能な空間など）の決定

②困ったときに助けを求めることのできる場所（交番・公民館・お店など）の確認

＜公共交通機関利用の場合＞

①定期券やバスカード等の取り扱いの確認や保管方法の決定

②車内のマナー徹底や車内での過ごし方の確認

③優先座席の確認

Q41-3 緊急時対応のために準備しておくことはなんですか。

A41-3　迷子、事故、公共交通機関の乗り過ごし・乗り遅れ、天災による公共交通機関のストップ等の緊急時に対応できるように、名前・住所・緊急連絡先を書いたメモを持たせたり、保護者や学校に電話を掛ける練習をさせます。公共交通機関を運営する会社にも連携を取っておくとよいでしょう。

　また、緊急時の対応マニュアルを作成して、本人・保護者、運営会社と共有しましょう。

Q41-4 その他に留意することはありますか。

A41-4　学年や学期の変わり目は、環境の変化や天候の変化により、登下校に不安感を感じる児童生徒も少なくありません。保護者と相談の上、本人に同行して指導する機会をもつとよいでしょう。

　各自治体ではガイドヘルパーの通学支援（移動支援）や民間企業による登下校の安全をメールで知らせる見守りサービスなど、様々な支援があります。病気や就労などにより送迎ができない場合のみ、という条件の支援もあります。各自治体の障害福祉担当に問い合わせてみましょう。

Q42 連絡帳による連携

Q42-1 保護者・担任に連絡帳を提出するまでの手順や記載に必要な項目や内容はなんですか。

A42-1 保護者・担任に連絡帳を提出するまでの手順は、以下のようなフローになります。また、連絡帳に記載する項目は障害により異なってきます（「障害別による記入項目や内容例」参照）。

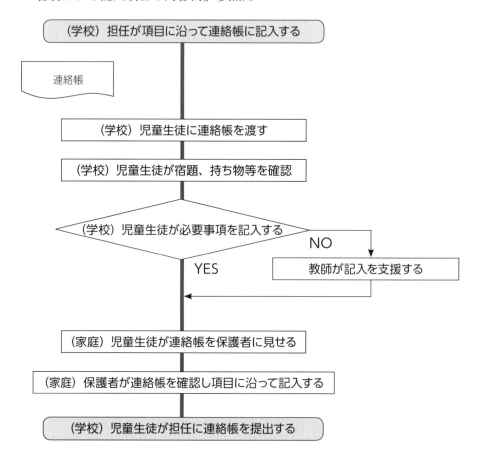

■障害別による記入項目や内容例

知　的	認知や行動の手掛かりとなる絵カードや手順カード活用の様子など
肢　体	車いすや装具活用の様子、ストレッチの内容、排泄回数など
病　弱	服薬の有無、発作の回数や様子、水分や給食の摂取量など
弱　視	遠近用拡大レンズや拡大読書機活用の様子など
難　聴	人工内耳・補聴器活用の様子など
言　語	発音や吃音の様子など
自　情	パニック回数や感情コントロールの様子など

第Ⅳ章　特別支援学級経営のポイント77

保護者との連携

Q42-2 連絡帳を記入する際の留意点にはどんなことがありますか。

A42-2　学習や行動等については、頑張っていることやできた事実だけでなく、どんな支援をしたら何ができるようになったかを書くことが大切です。また、行動だけでなく心の育ちについても伝えるとよいでしょう。

　保護者が心配していることや知りたがっていることは、可能な限り早めに伝えます。時間をおく場合は理由を添えてお伝えしましょう。「いつも○○の準備をありがとうございます。」「お家の方が○○してくださることで、安定した学校生活を送っています。」など、保護者をねぎらう言葉を添えることで信頼感が深まります。

　担任として大切にしている思いや取り組みを丁寧に伝えて、双方向にやりとりができるように心掛けることが大切です。

連絡帳の例

○　月　○　日（○）

時間	学習	項目	評価（○△×）・内容
1	国語	就寝	9:30
2	算数	起床	6:30　1人で起きた
3	自立	朝食	○
4	体育	排泄	○
5	図工	服薬	△飲み忘れそうになった
6	図工	持ち物	習字道具・装具

■短期目標①薬を忘れずに飲むことができる。

家庭	△	本人	△	学校	／

■短期目標②わからないことがあったら、怒らずに聞くことができる。

家庭	△	本人	○	学校	△

家での様子

学校での様子

> 実態に応じて、項目を選び、保護者が記入しやすいように○△×等の記入方法にしましょう。

> 個別の指導計画の短期目標をそれぞれの指導場面で日々評価することで、家庭と連携したサポートをすることができます。あらかじめ、それぞれの基準を決めておくとよいかと思います。
> （声を掛けられなくても飲めたら、○など）

Q43 学級通信（2回目以降）による連携

Q43-1 学級通信（2回目以降）を発行する際の手続きには、どんなことがありますか。

A43-1 年間を通して、学級通信を発行するまでのフローは以下の通りです。適切で分かりやすい内容にするために、ダブルチェックを怠らないようにしましょう。

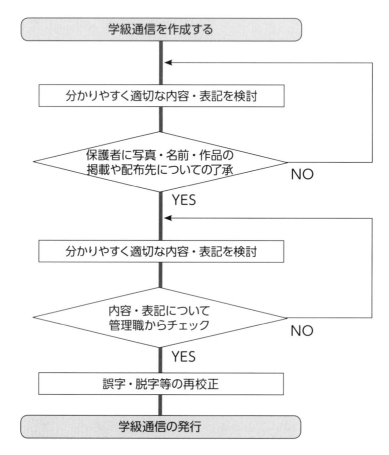

■学級通信の掲載内容例

知 的	学習した知識技能を家庭生活に活かすためのポイント紹介など
肢 体	支援機器や補助具の活用の様子など
病 弱	在籍校の様子や復学する際の留意点など（院内学級の場合）
弱 視	拡大鏡やレンズを使用した物の見方の練習の様子など
難 聴	卒業生の様子の紹介など
言 語	家での発音練習のポイント紹介など
自 情	行事や季節の変わり目の過ごし方紹介など

保護者との連携

Q43-2 学級通信の作成のためのポイントはなんですか。

A43-2 学校で指導・支援している内容を、保護者に分かりやすく伝えることで、親子のかかわりによい影響を及ぼします。児童生徒の姿が目に浮かぶような学級通信を心掛けましょう。

げんき2組たより H30.○○

運動会の練習、がんばっています！

子供たちは毎日グラウンドで自分の目標にむけて、運動会の練習に励んでいます！

＜今週の注目 NEWS！！＞

運動会の目標と目標攻略のための作戦をお知らせします！
1 ○○さん】<u>自分の力で玉を5個入れる（玉入れ）</u>
　専用のカゴまで友達が車いすを押してくれたら、膝上玉を自ら入れます！ねらいを定めて1つずついれるぞ！

⇩

　自分の力で玉を入れるには、カゴの位置をどこにすればよいか、練習を通して自己決定できるように支援します。

　「1人で玉を入れられたよ！うまくいってよかった！イェーイ」

[来週の予定について]
- ○日（月）運動会の練習があります。中学年合同の練習になります。
- ○日（金）地域の宝を探しに町探検に行きます。A交番・B酒屋 C八百屋 D図書館へ行きます。

[保護者の皆様へ]
- 金曜日は町探検に出かけます。グループに分かれて、インタビュー活動をします。どんなことが聞きたいかを考えておきます。お家の人もお手伝いください。
- 車いすのチェックもよろしくお願いします。

> 個別の指導計画と関連させ、行事では何を目標にして、どんな取組を行っているか、具体的な姿で書きます。目標への支援方法もお知らせしましょう。

> 本人のつぶやきや取組の写真を載せると、より分かりやすくなります。

> 学校と家庭で連携して学習活動に取り組めるように、お願いを書くとよいと思います。

内容は、特にその時期PRしたい学習内容や本人の具体的な取組の様子、保護者に協力してほしいこと等を書くと、メリハリのある学級通信になります。担任の思いやつぶやき、保護者向けの研修会の情報、昨今の特別支援教育の話題などのコラムを取り入れるのもいいですね。

児童生徒がかかわっている機関（児童クラブ・放課後等デイサービス・塾・病院・訓練機関等）への配布については、保護者と相談しましょう。

Q44 保護者からの要望

Q44-1 保護者から合理的配慮に関する申し出があった際は、どのように対応すればよいのですか。

A44-1 合理的配慮決定までの手続きは以下のようなフローになります。決定するにあたっては、本人・保護者の意思を尊重することが大切です。必ず学校・本人・保護者の三者で合意形成の上、決定しましょう。

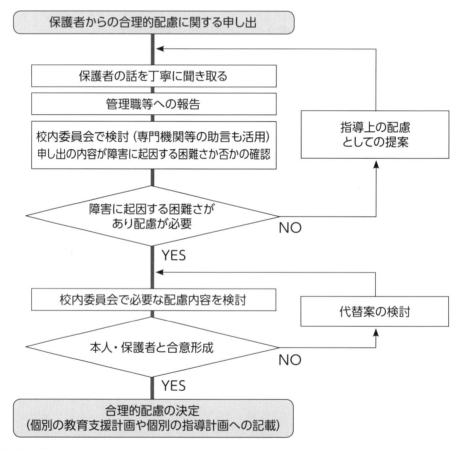

■合理的配慮の例

知　的	教科書・ワークシート・プリントのかなルビ、宿題内容と量の調整など
肢　体	ブックスタンドやタブレット型端末のキーボードアプリの活用など
病　弱	ストレッチャーの活用、テレビ会議システムの導入など
弱　視	単眼鏡やルーペ、拡大教科書、書見台、タブレット型端末の活用など
難　聴	個別の指示やタブレット型端末、ＦＭ補聴器の活用など
言　語	合理的配慮協力員によるコミュニケーションサポートなど
自　情	クールダウンの場所の確保など

※学校における合理的配慮の観点（3観点1項目）については、Q36を参照

第Ⅳ章　特別支援学級経営のポイント 77

保護者との連携

Q44-2 合理的配慮の法的根拠を教えてください。

A44-2　　合理的配慮は、障害者差別解消法（第7条第2項）によって定められています。また、平成24年7月の『共生社会の形成に向けたインクルーシブ教育システム構築のための特別支援教育の推進（報告）』（文部科学省，2015）でも合理的配慮について、以下のことが示されています。

障害者差別解消法（第7条第2項）　　　　　　　　　　　　　　　（平成28年4月施行）

> 　行政機関等は、その事務又は事業を行うに当たり、障害者から現に社会的障壁の除去を必要としている旨の意思の表明があった場合において、その実施に伴う負担が過重でないときは、障害者の権利利益を侵害することとならないよう、当該障害者の性別、年齢及び障害の状態に応じて、社会的障壁の除去の実施について必要かつ合理的な配慮をしなければならない。

『共生社会の形成に向けたインクルーシブ教育システム構築のための特別支援教育の推進（報告）』
（文部科学省初等中等教育局特別支援教育課）　　　　　　　　　　　（平成24年7月）

> 　「合理的配慮」は、一人一人の障害の状態や教育的ニーズ等に応じて決定されるものであり、その検討の前提として、各学校の設置者及び学校は、興味・関心、学習上又は生活上の困難、健康状態等の当該幼児児童生徒の状態把握を行う必要がある。これを踏まえて、設置者及び学校と本人及び保護者により、個別の教育支援計画を作成する中で、発達の段階を考慮しつつ、「合理的配慮」の観点を踏まえ、「合理的配慮」について可能な限り合意形成を図った上で決定し、提供されることが望ましく、その内容を個別の教育支援計画に明記することが望ましい。また、個別の指導計画にも活用されることが望ましい。

Q44-3 保護者からの様々な要望（クレーム）についての対応の仕方を教えてください。

A44-3　　以下の手続きに従って丁寧に対応しましょう。担任一人で抱え込まずに，管理職への報告・連絡・相談・確認を密にし、役割分担するなど支援体制を整え、組織的に対応することが大切です。

　　①保護者の言い分を丁寧に聞く（思いや気持ちを受け入れ、何に不信感をあるのか、何が訴えたいのか、何を望んでいるかを整理しながら理解する）。
　　②案件の説明する（児童生徒の様子、学校の対応、その結果について時間軸で説明し、必要に応じて謝罪の気持ちを伝える）。
　　③対応を検討する（どうすれば児童生徒がよりよく育つか、学校でできることは積極的に提案し、できないことは理由を述べて丁寧にお断りする）。
　　④合意内容を書面（個別の指導計画等）に示し、すぐに対応する。
　　⑤必要に応じ、定期的に話し合いの機会を設定し、進捗状況を確認する。

Q45 特別支援学級内の教師との連携

Q45-1 特別支援学級内の教師とどのような場で何をもとにして情報共有をし、連携を図るとよいでしょうか。

A45-1 特別支援学級内の教師との連携には、以下のようなフローがあります。定期的な情報共有の会において、児童生徒の障害からくる生活上または学習上の困難さについて、十分な情報共有を行い、連携を図っていきます。

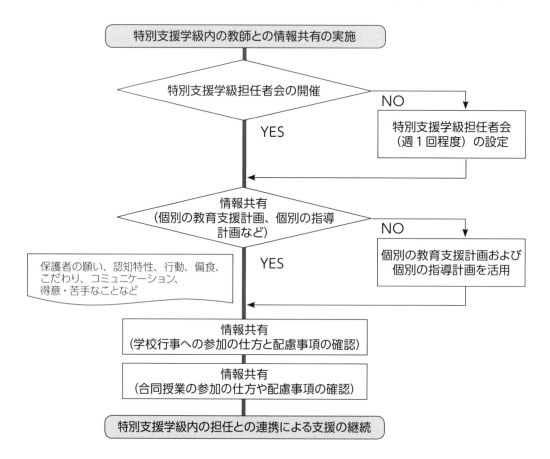

■情報共有をするときの主な項目

知 的	指示の出し方、認知特性、意思表出の仕方など（ことば、サイン、VOCA、タブレットPC等）
肢 体	教室移動の補助、食事の支援、嚥下の状態、意思表出の仕方、運動制限、不調を訴えたときの対応など
病 弱	病気や障害の程度、運動制限、薬の副作用、服薬のタイミングなど
弱 視	見え方への配慮、学習支援の仕方、使用する補助具の使用の仕方と配慮など
難 聴	聞こえの程度、教師の立ち位置、話すときの速さ、トーン・話し方、情報保障についての情報共有など
言 語	ことばの不明瞭さ（構音障害の程度）について、ことばの表出の仕方、吃音の程度など
自 情	こだわり、コミュニケーション、行動特性、パニックが起きたときの対応の仕方、場面緘黙の程度など

第Ⅳ章　特別支援学級経営のポイント77

校内教職員との連携

Q45-2 特別支援学級内の教師と連携を図る上での留意点はなんですか。

A45-2　校内に特別支援学級が複数ある場合には、特別支援学級の担任同士が連携を図ることが必要不可欠です。特別支援学級内の教師と連携を図る上での留意点は、以下に示す3点です。

留意点	具 体 的 内 容
情報共有	・個別の教育支援計画および個別の指導計画に記載されていることをもとに連携を図りましょう。 ・個別の教育支援計画および個別の指導計画には、「保護者の願い」「長期目標」「短期目標」「具体的な支援や手立て」「合理的配慮」等についての記載があります。児童生徒の状態を十分に理解した上で連携を図りながら、教育活動にあたりましょう。
具体的支援の 仕方の共有	・支援が必要な場面の把握と具体的支援の仕方について情報共有を行い、連携を図りましょう。 ・特別支援学級の担任は、校内の他の特別支援学級の児童生徒とかかわる時間が多くあります。そのため、校内の特別支援学級の教師と各場面での児童生徒に対する「指示の出し方」「意思表示の仕方」等について十分情報共有をしておくことが重要です。 ・「パニック時の対応」「体調不良を訴えたとき」あるいは「体調不良の様子が見られたときの対応」等の緊急時の対応についても知っておくことが必要です。
役割分担	・個別の教育支援計画および個別の指導計画をもとに役割分担を明確にした上で、連携を図りましょう。 ・この単元のこの授業では、A先生が○○をして、B先生が△△をするなどの活動時の役割を明確にすることが必要です。役割分担を明確にすることで、授業の質が上がり、より効果的な支援が可能になります。

Q45-3 特別支援学級内の教師と具体的にどのような内容について連携を図る必要がありますか。

A45-3　特別支援学級内の教師同士の連携が必要になる場面は、大きく分けると以下の3場面です。
　　①学校行事（学芸会および学習発表会、運動会、入学式、卒業式、始業式、終業式など）
　　②学年行事（修学旅行、遠足、学年PTA行事、校外学習など）
　　③特別支援学級行事（宿泊学習、授業参観、校外学習、遠足、合同学習、他校との交流，給食など）
　これらの行事において、何をねらいとして参加するのか、どのように参加をするのか、そのときの支援は誰がどのように行うのかを明確にし、情報共有をした上で参加することが重要です。
　また、特別支援学級内の教師との連携では、連携の成果について評価をすることが重要です。特別支援学級内の教師が連携を図ってきたことで、特別支援学級に在籍する児童生徒の何がどのように変化してきたのかについて特別支援学級担任間で確認し、評価しましょう。
　さらに、児童生徒の保護者との教育相談や家庭訪問等で得た情報については、可能な限り特別支援学級担任間で情報共有しておくことが望ましいでしょう。情報共有をすることで、保護者は子供が在籍する特別支援学級の担任だけでなく、校内に複数ある特別支援学級のすべての教師が自分の子供のことを考えて、対応してくれているという気持ちになり、信頼関係が深まります。

139

Q46 学習支援員との連携

Q46-1 学習支援員と効果的な連携を図るためには、何をどのようにしたらよいですか。

A46-1 学習支援員との連携には、以下のようなフローがあります。特別支援学級に在籍する児童生徒についての情報共有を十分に行い、その上で、どの時間（何時間目）にどこの学級で、どのような支援をしてもらうために入るのかを十分確認します。

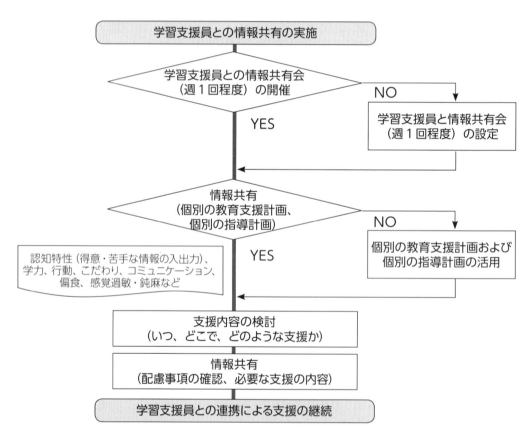

■学習支援員の活用例

知 的	指示理解の確認、意思表出時のサポートなど（ことば、サイン、VOCA、タブレットPC等）
肢 体	教室移動の補助、食事の支援、意思表出時のサポート、体調不良を訴えたときの対応など
病 弱	転倒防止の支援、移動補助、体調管理など
弱 視	視覚認知に十分配慮した学習支援、補助具使用時のサポートなど
難 聴	左右の聴力を理解した上、話すときの立ち位置や速さに気をつけたコミュニケーション支援など
言 語	ことばの不明瞭さ（構音障害の程度）や吃音の程度を理解したコミュニケーション支援など
自 情	こだわりや特性を理解した上での対応、パニック時の対応、場面緘黙がある児童生徒とのかかわりなど

第Ⅳ章　特別支援学級経営のポイント77

校内教職員との連携

Q46-2 学習支援員と効果的な連携を図る上での留意点はなんですか。

A46-2　学習支援員がいる場合には、効果的な連携を図ることで、授業の質が上がり特別支援学級に在籍している児童生徒の学習効果が高まります。学習支援員と連携を図る上での留意点は、以下に示す3点があります。

留意点	具 体 的 内 容
情報共有	個別の教育支援計画および個別の指導計画をもとに連携を図りましょう。個別の教育支援計画および個別の指導計画には、「保護者の願い」「長期目標」「短期目標」「具体的な支援や手立て」「合理的配慮」等についての記載があります。児童生徒の障害特性や障害からくる困難さについて十分に理解した上で教育活動にあたりましょう。
具体的支援の仕方の共有	児童生徒の障害特性や障害からくる困難さについて十分理解した上で、具体的な支援の仕方について共有することが重要です。支援が必要な場面の把握とそのときの学習支援員の具体的な動きについて情報共有を行い、連携を図りましょう。学習支援員は、校内にある特別支援学級の児童生徒とかかわる時間が多くあります。そのため、校内の特別支援学級の担任と各場面での「指示の出し方」「意思表示の仕方」「かかわり」等について十分情報共有をしておくことが重要です。また、「パニック時の対応」「体調不良を訴えたときの対応」等の緊急時の対応についても十分に知っておくことが求められます。
役割分担	校内にある特別支援学級担任だけでなく学習支援員についても役割分担を明確にした上で、連携を図り授業にあたりましょう。この授業中では、A先生が○○をして、B先生が□□をして、学習支援員のC先生が△△をしてくださいと事前に誰が何をするのか役割を明確にすることが児童生徒の学習活動の豊かさにつながります。役割分担をすることで、授業の質が上がり、児童生徒へのより効果的な支援が可能になります。

Q46-3 学習支援員とは、具体的にどのような内容について連携を図る必要がありますか。

A46-3　学習支援員との連携が必要になる場面は、学校行事、学年行事、特別支援学級行事はもちろんですが、日々の授業が主なものになります。日々の授業の中で、誰の、どのような状況のときに、どのようにかかわるのかを明確にし、情報共有をした上で児童生徒にかかわってもらうことが重要です。

　また、学習支援員との連携では、連携することで変化してきた児童生徒の学習面や生活面について振り返り、互いに確認することが重要です。確認する頻度としては、最低でも2週間に1回のペースで実施することがよいでしょう。今後の課題や支援の方向性を考えることができるよい機会になります。

　さらに、児童生徒の保護者との教育相談、家庭訪問、日々の連絡帳でのやり取り、登校下校時に迎えに来た保護者との情報交換等で得た情報については、可能な限り学習支援員と情報共有をしておくことが望ましいでしょう。情報共有をすることで、保護者は在籍する特別支援学級の担任だけでなく、学習支援員の先生にも自分の子供のことを大切にしてもらっていると感じ、保護者との信頼関係がより深まることで、教育的効果もより高くなるものと考えられます。

Q47 通常の学級担任との連携

Q47-1 通常の学級担任と効果的な連携を図るためには、何をどのようにしたらよいですか。

A47-1 通常の学級担任との連携には、以下のようなフローがあります。特別支援学級に在籍する児童生徒に関する情報共有を通常の学級担任と図り、いつ（何の教科）、どのような場面で支援が必要なのかを検討します。

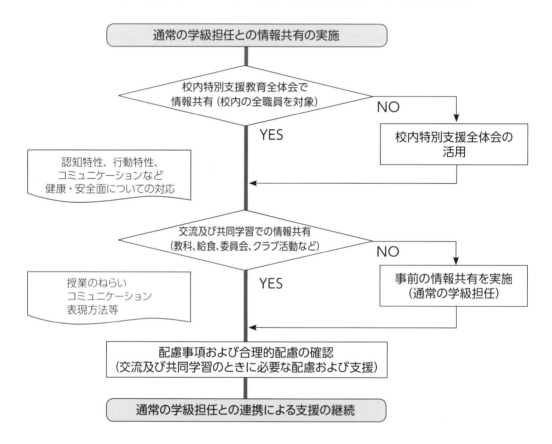

■通常の学級担任と情報共有をするときの主な項目

知　的	指示理解の程度の確認、意思表出時のサポートなど（ことば、サイン、VOCA、タブレットPC 等）
肢　体	移動への配慮、食事の仕方、意思表出時の様子、体調不良を訴えたときの対応など
病　弱	運動制限、転倒防止の配慮、体調管理の視点、移動への配慮など
弱　視	座席の位置、視覚認知に十分配慮した学習支援、補助具使用時のサポート、補助具についてなど
難　聴	座席の位置、左右の聴力、話すときの立ち位置や速さに配慮したコミュニケーション、補聴器など
言　語	ことばの不明瞭さ（構音障害の程度）や吃音の程度を理解したコミュニケーションなど
自　情	こだわりや特性を理解した上での対応、パニック時の対応、場面緘黙の児童生徒とのかかわりなど

第Ⅳ章　特別支援学級経営のポイント 77

校内教職員との連携

Q47-2 通常の学級担任と効果的な連携を図る上での留意点はなんですか。

A47-2　特別支援学級担任と通常の学級担任とが、特別支援学級に在籍する児童生徒の情報共有を十分に行った上で、教育活動にあたることが求められます。特別支援学級担任が、通常の学級担任と効果的な連携を図る上での留意点は、以下に示す３点があります。

留意点	具 体 的 内 容
学校全体での情報共有	・年度始めや年度末に、校内特別支援教育全体会等の場において、校内の全職員を対象に特別支援学級に在籍する児童生徒の情報について情報共有を図りましょう。 ・児童生徒の障害特性や障害からくる学習上および生活上の困難さとともに、どのようなかかわりが児童生徒にとって学校生活を送る上でより良いものとなるのかを特別支援学級担任から全職員に伝えるとよいでしょう。
交流学級とその学年の先生方との情報共有	・交流学級である通常の学級担任とは、児童生徒の障害特性や障害からくる学習上または生活上の困難さについて十分情報共有を図りましょう。学習活動を行う上での個別目標と具体的な支援について共有することが重要です。 ・通常の学級担任だけでなく、学年主任との連携も行いましょう。
交流及び共同学習の場面での役割分担	・交流及び共同学習では、事前に誰が何をするのか通常の学級担任と特別支援学級の担任との役割を明確にすることが児童生徒の学習活動の豊かさにつながります。役割分担をすることで、授業の質が上がり、児童生徒へのより効果的な支援が可能になります。 ・交流及び共同学習の場面では、通常の学級担任だけに児童生徒をまかせるだけではなく、必ず特別支援学級担任もしくは学習支援員が一緒に交流学級に行き、交流学級での活動の様子を参観するとともに必要な支援を状況に合わせて行っていきましょう。 ・交流及び共同学習について定期的に通常の学級担任と特別支援学級担任とで放課後等に情報共有し、さらにより良い支援について話し合いを基に考えていきましょう。

Q47-3 通常の学級担任とは、具体的にどのような場面で連携を図る必要がありますか。

A47-3　通常の学級担任との連携が必要になる場面は、学校行事（運動会、学芸会、入学式、卒業式等）、学年行事（遠足、修学旅行、宿泊学習等）と交流及び共同学習時、委員会、給食、クラブ活動等様々な場面で、特別支援学級に在籍する児童生徒の実態や支援に関する情報共有をすることが必要です。

　学校行事や学年行事に関しては、学年会に入り、そのときの学校・学年行事の参加の仕方や必要な支援等について特別支援学級担任から話すことが重要です。また、交流及び共同学習では、通常の学級担任と事前にどのような活動なのかを話し合いで決め、特別支援学級の児童生徒の行動に対する支援を具体的に考えておくことが大切です。

Q48 特別支援教育コーディネーターとの連携

Q48-1 校内の特別支援教育コーディネーターとはどのような連携を図ったらよいですか。

A48-1 校内の特別支援教育コーディネーターとの連携には、以下のようなフローがあります。特別支援学級に在籍する児童生徒の実態について十分に共通理解を図った上で、校内特別支援全体会での情報共有、ケース会等においての児童生徒の具体的支援の検討など校内における連携と、相談機関および医療機関等との連携、特別支援学校との連携など外部専門機関との連携をします。

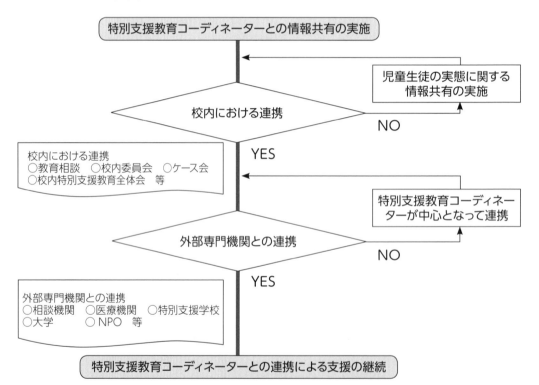

■特別支援教育コーディネーターと情報共有をするときの主な項目

知　的	個別検査の結果、認知特性など
肢　体	移動、筋力、食事の仕方（咀嚼嚥下の状況等）、咀嚼力、嚥下機能、服薬名、副作用など
病　弱	慢性疾患、体温調整、運動制限・負荷、服薬名、アレルギーなど
弱　視	視力、視野、色覚、光覚、視覚機能、服薬名、副作用、病名など
難　聴	左右の聴力、補聴器の取り扱い、病名、補聴補助システムなど
言　語	ことばの不明瞭さ（構音障害の程度）や吃音の程度、嚥下の状態など
自　情	こだわり、不適応行動、パニック、自傷・他傷行為、場面緘黙への対応、服薬名、副作用など

第Ⅳ章　特別支援学級経営のポイント 77

校内教職員との連携

Q48-2 特別支援教育コーディネーターと効果的な連携を図る上での留意点はなんですか。

A48-2 　特別支援教育コーディネーターと効果的な連携を図ることで、特別支援学級に在籍する児童生徒の支援の充実および外部専門機関との連携がスムーズになり、支援の質の向上につながります。そのためには、まず、特別支援教育コーディネーターと特別支援学級担任とが、特別支援学級に在籍する児童生徒の障害からくる学習上および生活上の困難さを十分に理解することが必要です。そして、個別検査の結果や相談機関および医療機関を受診したときの資料を十分に生かしましょう。

　また、特別支援教育コーディネーターには、保護者との教育相談に入ってもらい、支援について話してもらうことも連携の一つとなります。

場　面	具　体　的　な　連　携
保護者との教育相談	・保護者と支援の検討や共有が必要なときには、校内の特別支援教育コーディネーターに教育相談に入ってもらい、保護者との教育相談を進めましょう。専門性の高い特別支援教育コーディネーターが教育相談に入ることで、具体的な支援へとつながり、児童生徒の学校での生活の質が向上することが考えられます。
ケース会	・教員同士のケース会に特別支援教育コーディネーターにも入ってもらい、専門的な意見をもらいましょう。それを参考に今後の支援を検討しましょう。
校内特別支援全体会	・特別支援教育コーディネーターと十分に情報共有した上で、校内特別支援全体会において全職員で、特別支援学級に在籍する児童生徒の共通理解を図りましょう。
特別支援学校	・特別支援学校のセンター的機能を活用するときには、校内の特別支援教育コーディネーターが窓口になり、連絡・調整をして、連携を図りましょう。巡回相談の日程やその日のスケジュールなどを特別支援教育コーディネーターに立ててもらい、外部専門家の意見を取り入れた支援をしていきましょう。
相談機関および医療機関	・保護者の承諾を得た上で外部専門機関との情報共有を図るときには、特別支援教育コーディネーターが中心となって連携を図りましょう。

　特別支援教育コーディネーターの高い専門性を校内で十分に生かし、連携を図りながら充実した支援を検討していきましょう。また、外部専門機関と連携をする上で、特別支援教育コーディネーターは連絡・調整の校内の窓口になります。特別支援教育コーディネーターとの連携によって、相談機関や医療機関等の外部専門機関とスムーズな連携をとりながら、児童生徒の支援の充実を図っていきましょう。

145

Q49 養護教諭との連携

Q49-1 養護教諭と効果的な連携を図るためには、何をどのようにしたらよいですか。

A49-1 養護教諭との連携では、児童生徒の健康面・運動面および緊急対応に関する情報共有を十分に行い、その上で、どのようなときに、健康面・運動面での配慮が必要なのかを検討・確認します。

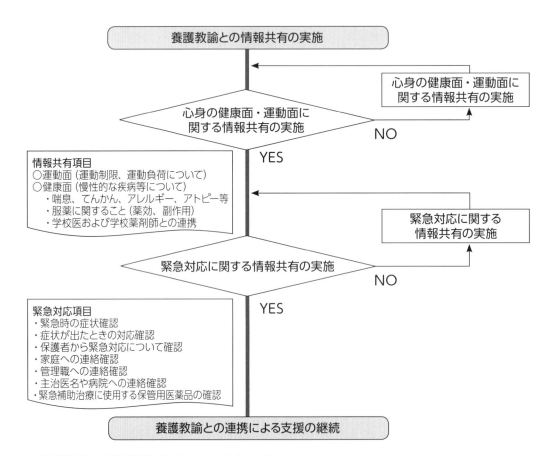

■養護教諭と情報共有をするときの主な項目

知 的	健康診断の事前指導、体調不良時の伝え方など
肢 体	移動への配慮、食事の仕方（食事介助、咀嚼嚥下食等）、咀嚼力、嚥下機能、意思表出時の様子、体調不良時の対応など
病 弱	体温調整、運動制限、運動負荷、転倒防止、体調管理の視点、移動への配慮、服薬、アレルギーなど
弱 視	視力、視野、色覚、光覚、視覚機能、服薬など
難 聴	左右の聴力、補聴器の取り扱い、補聴援助システムの扱い方など
言 語	ことばの不明瞭さ（構音障害の程度）や吃音の程度、嚥下の状態など
自 情	こだわりや特性を理解した対応、パニック時の対応、場面緘黙への対応、体調不良時の伝え方、服薬など

第Ⅳ章　特別支援学級経営のポイント 77

校内教職員との連携

Q49-2 養護教諭と効果的な連携を図る上での留意点はなんですか。

A49-2　養護教諭と効果的な連携を図ることで、授業の活動の質が上がるだけでなく、緊急時の対応を確認することで児童生徒の安全・安心を保障することに繋がります。養護教諭との連携を図る上での留意点は、以下に示す３点があります。

留意点	具 体 的 内 容
新年度の情報共有	・新年度の情報共有は大変重要です。昨年度、いつ、どのようなときに保健室を利用していたのか、どの程度欠席や早退があったのかを共有し、これから考えられる保健室利用の仕方等について確認をしておきましょう。 ・心身の健康面から合理的配慮に関連することについて、情報共有を実施しましょう。
検診後の情報共有	・検診後、前年度の健診時の状況と比較して情報共有に努めましょう。 ・今後、新たにどのような点について、配慮が必要なのかについて共有しましょう。
行事についての情報共有	・学校行事や学年および学級行事において養護教諭と連携が必要になる行事を取り上げ、どの行事でどのような役割分担を養護教諭と行った後に連携を図るのかを共有しておきましょう。

Q49-3 養護教諭とは、具体的にどのような内容について連携を図る必要がありますか。

A49-3　養護教諭との連携が必要になる場面は、以下に示す５場面が主なものになります。

場　面	具体的な行事	具体的な連携
儀式的行事	・入学式　　・卒業式　　・始業式 ・終業式　　・修了式　　・全校朝会	・体調管理　　　　　　・温度調整 ・体力面への配慮
文化的行事	・学芸会　　・学校祭　　・芸術鑑賞会	・体調管理　　　　　　・温度調整
健康安全・体育的行事	・健康診断(内科検診、身体計測、耳鼻科検診、眼科検診、聴力検査、歯科検診) ・避難訓練　　・運動会	・健康診断の事前指導 ・検診結果についての情報共有 ・運動制限　　・移動
遠足・集団宿泊的行事	・校外学習　　・他校との交流 ・遠足　　　　・修学旅行 ・宿泊学習	・服薬　　・体調管理　　・温度調整 ・食事　　・水分補給　　・運動制限 ・移動　　・睡眠時間
学級での学習活動	・体育（水泳学習等） ・給食 ・調理実習	・てんかん防止および対応 ・食事の仕方（誤嚥防止、食事介助） ・アレルギー予防

　特別支援学級に在籍する児童生徒の心身の健康面および運動面での配慮を養護教諭と十分に確認しておきましょう。そして、もし万が一に活動途中において児童生徒の体調が悪くなったときやケガをしたときに児童生徒の命を守るため、迅速な処置・対応ができるようあらかじめ必要なものを準備しておくことが重要です。また、家庭や必要な機関（近隣の病院、かかりつけの病院等）にすぐに連絡が取れるように緊急連絡網の確認および準備をしておくことが常日頃から重要になります。

　以上の５場面で養護教諭と特別支援学級担任が十分に児童生徒の必要な情報を共有し、連携することで、児童生徒の安全・安心を第一に考えた教育活動が展開されます。

Q50 年度末の事務整理と引継ぎ

Q50-1 年度末の事務整理と引継ぎは、どのように行えば効果的ですか。

A50-1 次年度の担任へ児童生徒の情報の引継ぎには、以下のようなフローがあります。次年度の担任の特別支援学級についてまだ何も知らないという視点で、年度末の事務整理をしながら引継ぎに関する文書を作成し、引継ぎをします。

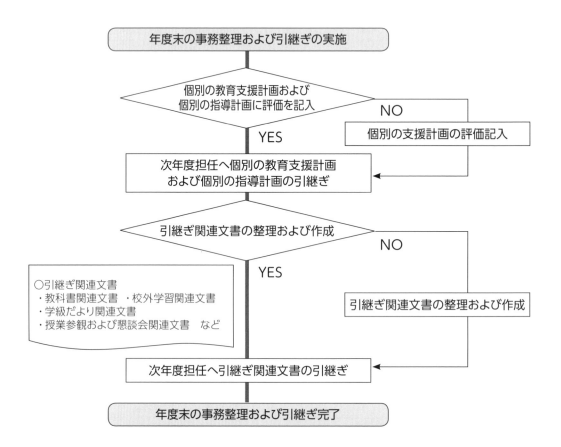

■次年度へ向けた事務整理と引継ぎにおける障害別のワンポイント

知 的	身辺処理、認知特性、学習面、指示理解の程度、コミュニケーション、コミュニケーションツールの使用の仕方など
肢 体	移動、移動時の支援の仕方、運動面での配慮事項、服薬（主・副作用を含む）など
病 弱	病気の進行状況、服薬（主・副作用を含む）、運動負荷や運動制限など
弱 視	視機能、視力、視野、色覚、光覚、服薬（主・副作用を含む）など
難 聴	聞こえの程度、左右の聴力、補聴器等の支援機器の扱い方など
言 語	児童生徒の話を聞き取れなかったときの教師の対応の仕方など
自 情	過敏性、パニック未然防止の手立て、パニック時の対応、服薬（主・副作用を含む）、場面緘黙の症状のある児童生徒とのコミュニケーションなど

第Ⅳ章　特別支援学級経営のポイント77

校内教職員との連携

Q50-2 次年度へ向けた事務整理では、どのような文書を整理しておくことが必要ですか。

A50-2　個別の教育支援計画および個別の指導計画が重要になります。その他にもあると効果的な引継ぎが可能になる文書があります。

文　書	内　　容
個別の教育支援計画および個別の指導計画	現担任が、個別の教育支援計画および個別の指導計画の評価を書き込むとともに、次年度の手立て等についても加筆修正し整理しておきましょう。
教科書関連文書	何年生のときにどの教科で、何の教科書を採択したのかが一覧表になっていると次年度の担任が分かりやすいでしょう。
校外学習の計画書	特別支援学級で行った校外学習関連の書類が時系列でファイリングされていると次年度の担任は大変分かりやすいでしょう。また、そのときの必要な渉外関係（減免申請等）や配慮事項などについても書かれてあると良いでしょう。
学級だより関連文書	学級だよりの発行順にファイリングされていると学校での児童生徒の様子、家庭との連携等について次年度の担任は大変分かりやすいでしょう。
授業参観および学級懇談会文書	授業参観時にどのような学習形態で、何の教科のどの単元をどのように指導したのかについて文書でまとまっていると次年度の担任は大変分かりやすいでしょう。また、学級懇談会の資料等についてもファイリングされていると、どの時期にどのような内容について話したのかが分かりやすいでしょう。

Q50-3 次年度の担任と引継ぎを行う場合、具体的にどの項目について引継ぎをしたらよいですか。

A50-3　特別支援学級の引継ぎでは、個別の支援計画を中心に行うことの他に、以下の項目について別紙等にまとめた文書を用いて、引継ぎをすることが重要です。

項　目	具　体　的　内　容
登下校	登下校の方法、登下校時の配慮事項、登下校時の保護者対応
合理的配慮	どのような状況でどのような合理的配慮をしていたのかを個別具体的に明示
安全面	緊急時の対応について、服薬、宿泊時の対応、プールでの対応、校外学習での対応　避難訓練時の対応
学習面全般	認知特性（諸検査の結果）、各教科の取り組み状況、教材・教具、配慮事項
生活面全般	身辺処理関係（着替え、トイレ、食事など）、配慮事項、休み時間の様子と対応
交流および共同学習	これまでの交流学級での活動について、配慮事項、担任および支援員との連携体制、成果と課題
行事への参加の仕方	学校行事、学年行事、特別支援学級行事、交流学級行事等への参加の仕方と対応
余　暇	習い事、趣味
連携機関	医療機関（頻度）、相談機関、学童保育、NPO（放課後等デイサービス等）
家庭状況	保護者の願い、家族構成、兄弟関係、障害受容の程度

　以上の10項目は、特別支援学級に在籍する児童生徒の引継ぎを行う場合の重要な引継ぎ項目です。次年度の担任が安心して4月を迎え、特別支援学級で児童生徒を迎えることができるように引継ぎをしましょう。

　また、特別支援学級は、様々な方々の協力によって教育活動が図られ、展開されていきます。したがって、行事・授業・生活等においてかかわる関係者を引継ぎ文書内に明示しておきましょう。そうすることで、新学期が始まってから新担任がどうすればよいか一人で困ることが少なくなり、何か不明な点があったときには校内外のだれに相談すればよいのかが分かり、相談することが可能となります。

Q51 児童相談所との連携

Q51-1 児童相談所への利用の申込みは、どのようにすればよいですか。

A51-1 児童相談所への利用申込みのフローは以下の通りです。保護者が直接、電話等で申込みをします。

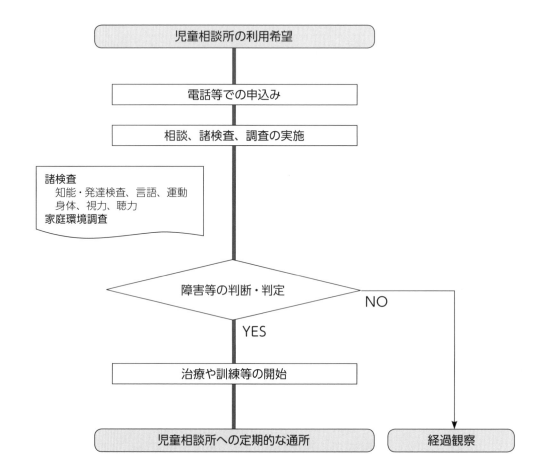

■児童相談所を利用するケース

知　的	知能検査の実施、就学相談、療育手帳の取得など
肢　体	運動発達検査の実施、作業療法の実施、身体障害者手帳の取得など
病　弱	内科検査の実施、就学相談、薬物治療、行動療法の実施など
弱　視	視覚検査の実施、眼鏡等の相談、ビジョントレーニングの実施など
難　聴	聴覚検査の実施、補聴器等の相談、聴能訓練の実施など
言　語	言語発達検査の実施、言語療法の実施など
自　情	発達検査の実施、就学相談、薬物治療、行動療法の実施など

第Ⅳ章　特別支援学級経営のポイント77

福祉・教育機関等との連携

Q51-2 児童相談所は、どのようなところですか。

A51-2　児童相談所は、児童福祉法に基づき、都道府県や指定都市および中核市に設けられた児童福祉の専門機関です。対象は18歳未満です。業務はおおよそ、「相談」「調査・判定」「指導」「一時保護」の4つに分けられます。職員は、医師、児童心理司、児童福祉司その他の専門職員が配置されています。

相　談	児童に関する様々な問題について、家庭や学校などからの相談に応じる。 ①養護相談（父母の家出、死亡、離婚、入院よる養育困難、被虐待時児） ②保健相談（未熟児、虚弱児、小児喘息など） ③心身障害相談（障害児、発達障害、重度の心身障害など） ④非行相談（虚言、家出、浪費癖、性的な逸脱、触法行為など） ⑤育成相談（性格や行動、不登校など）
調　査 判　定	児童および家庭につき、必要な調査ならびに医学的、心理学的、教育学的、社会学的および精神上の判定を行う。
指　導	児童およびその保護者につき、調査又は判定に基づいて必要な指導を行う。
一時保護	児童の一時保護（虐待、ネグレクトなど）を行う。

Q51-3 児童相談所の受診や通院歴は、どのようにして把握しますか。

A51-3　特別支援学級に在籍する障害のある児童生徒は、幼児期から児童相談所に様々な相談（発育、発達、言語、身体運動、弱視、難聴など）、知能・発達検査の実施、障害の診断、薬物治療の適用、言語療法や作業療法の指導、障害者手帳（療育・身体）の申請、家庭の問題（ネグレクト、虐待、DV）などで受診したり通所をしていることが少なくないと思われます。

　まずは、成育歴を確認します。保護者からの聞き取りも必要ですが、「個別の教育支援計画」や「個別の指導計画」等の中に記載している場合もありますので、これまでの利用の有無を確認しておきましょう。

Q51-4 児童相談所との連携は、どのようにすればよいですか。

A51-4　特別支援学級の児童生徒が、現在もなお児童相談所に通所（相談・治療）している場合には、保護者と主治医の許可を得て、通所日に担任が一緒に出向き、主治医から治療の内容や学校で対応の仕方のアドバイスをいただくと、安心して支援ができます。また、家庭内での虐待や教育放棄、本人自身の精神疾患（躁鬱）やパニック症状により、児童相談所の一時保護を利用したり入院治療する場合があります。担任は、その状況を的確に把握しながら、児童相談所職員や関係機関との連携を密に図ることが重要です。

Q52 放課後等デイサービス施設との連携

Q52-1 放課後等デイサービスを利用する場合には、どのような手続きが必要ですか。

A52-1 デイサービスの利用申込みのフローは以下の通りです。最初に、市区町村の障害福祉担当窓口に申請することから始めます。障害者手帳の取得が必要となります。また、サービスを提供しているデイサービス事業者を確認しておきましょう。

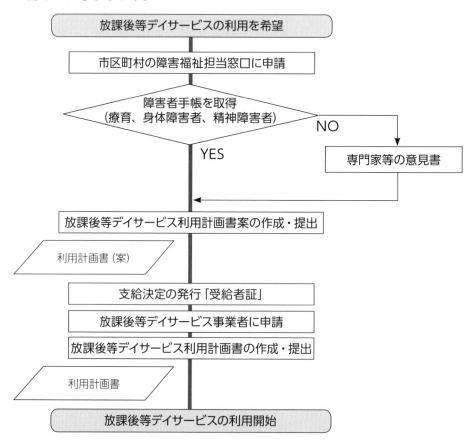

■「療育型」のデイサービス利用のプログラム内容

知 的	生活能力の向上に必要な専門的なプログラムなど
肢 体	機能訓練の専門的なプログラムなど
病 弱	健康増進の専門的なプログラムなど
弱 視	視機能訓練の専門的なプログラムなど
難 聴	聴能訓練の専門的なプログラムなど
言 語	言語訓練の専門的なプログラムなど
自 情	ソーシャルスキル向上の専門的なプログラムなど

第Ⅳ章　特別支援学級経営のポイント77

福祉・教育機関等との連携

Q52-2 放課後等デイサービスとはなんですか。

A52-2 　放課後等デイサービスとは、平成24年の児童福祉法の改正により設置され、障害のある就学児童（原則、小学生〜高校生）が学校の授業終了後や長期休暇中に施設に通い、生活能力の向上のために必要な訓練や社会との交流の促進を養うサービスのことです。この改正に伴って、これまで障害の種類別に施設が分かれていたのが、年齢や目的別に、「児童発達支援」「医療型児童発達支援」「放課後等デイサービス」「保育所等訪問支援」に再編成されました。放課後等デイサービスは、施設の設備、目的、利用されるサービスの内容は多岐にわたりますが、次の3つに大別されます。

習い事型	○音楽、運動、書道、絵画などのプログラムに特化した施設 ・パソコン作業訓練の施設もあります。
学童保育型	○自由に過ごす時間が多い施設 ・料理、掃除、衣服の着脱など生活に必要な能力を身に付けたり、宿題をしたり、遊んだり、社会見学など時間に分かれています。
療育型	○専門的な療育を行っている施設 ・施設によっては、作業療法士や理学療法士がいる施設もあります。行動面、運動面、学習面、コミュニケーション面、ソーシャルスキル面などから個々に合わせたプログラムが組まれています。

Q52-3 放課後等デイサービスの対象は、誰ですか。

A52-3 　対象は、障害（身体・知的・精神「発達障害含む」）のある児童生徒ですが、障害者手帳がなくとも専門家等の意見書があれば受給者証が市区町村から発行されます。1割負担でサービスが受けられます。

Q52-4 デイサービス施設職員との連携は、どのようにすればよいですか。

A52-4 　デイサービスの施設によっては、保護者の就業などの理由やレスパイトケア（リフレッシュ）などのため、障害のある児童生徒を学校へ送迎している場合もあります。まず、児童生徒を引き渡す際に、通っている施設職員なのかを確認します。また、個人情報に逸脱しない範囲で、その日の学校での様子について適切に伝えることも連携の一つになります。なお、放課後等デイサービスの施設職員には、保育士または児童指導員、児童発達支援管理責任者がいます。

Q53 学童保育施設との連携

Q53-1 学校放課後、児童は学童保育施設でどのように過ごすのでしょうか。

A53-1 　学童保育施設では、以下のフローのように保護者が迎えに来るまでの時間、児童がその施設で過ごすことになります。児童が安全で適応できるように個人情報に配慮し情報提供しながら、各施設で具体的にどのような活動をするのか確認しましょう。

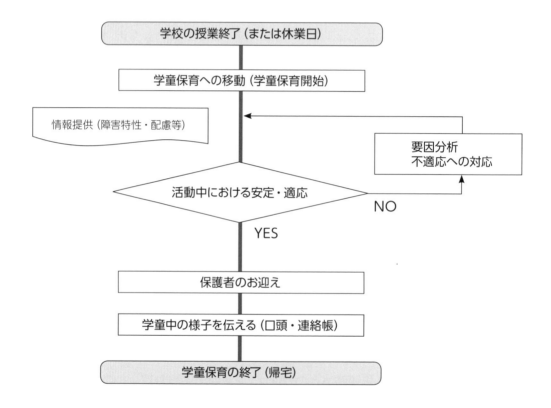

■学童指導員への情報提供内容の例

知　的	学習能力の理解度、指示の理解度、書字能力の程度など
肢　体	日常生活における動作の困難さ、不自由など
病　弱	健康面での配慮、温度管理など
弱　視	視力の状況、文字の大きさへの配慮など
難　聴	聴力の状況、筆談等の代替手段の必要性など
言　語	発音明瞭度、言語了解度、筆談等の代替手段の必要性など
自　情	感覚過敏、対人スキル、薬物治療の状況など

＊保護者の了解のもとに、個人情報に十分に配慮しつつ提供します。

第Ⅳ章　特別支援学級経営のポイント77

福祉・教育機関等との連携

Q53-2 学童保育とは、どのようなところですか。

A53-2　　正式名称は、「放課後児童健全育成事業」です。事業を実施する施設は、「学童クラブ」「放課後（児童）クラブ」「学童保育所」「児童育成会（室）」などと呼ばれています。学童保育とは、主に日中に保護者が就業などで家庭にいない小学生（学童）に対して、授業終了後に児童の安全を守る場であるとともに、適切な遊びや生活の場を与えて、児童が自立するための成長支援・健全育成を実践する場でもあります。最近では、保護者のニーズが増え、民間企業が運営しているところもあります。学童保育施設の事業内容は以下の通りです。

健康管理、安全確保、情緒の安定	保護者の帰宅・お迎えまでの時間
遊びの活動への意欲と態度の形成	遊び、工作、季節行事、誕生日会、飼育栽培など
遊びを通して自主性、社会性、創造性を培う	
家庭や地域での遊びの環境づくりへの支援	
遊びの活動状況の把握と家庭への連絡	連絡帳、面談、親子イベントなど
その他、健全育成上必要な活動	おやつの提供（クッキング等） 宿題など自主学習の提供 児童虐待や福祉的支援を要するケースなど

Q53-3 児童館とは、どのようなところですか。

A53-3　　学童保育に似ているものとして児童館があります。児童館は、児童に健全な遊びを与え、その健康を増進し、または情操を豊かにすることを目的としています。児童館には、集会室、遊戯室、図書室、静養室、相談室、パソコン室等が設置されています。専門の指導員がいて、地域の実情や季節に合わせた健全な遊びの指導をしています。学童保育を併設しているところもあります。

Q53-4 学童指導員との連携は、どのようにすればよいですか。

A53-4　　障害のある児童生徒が学童保育に行くと、不適応を起こして退所させられることがあります。その要因として、学童指導員による障害の実態や特性の理解不足や不適切な対応、施設設備の未整備（狭い、防音、エアコンなど）、障害のある児童生徒自身の特性等（感覚過敏、こだわり、対人スキル、時間の見通し、持続力・集中力、薬物治療の減退など）、学校との学習環境の違い（時間割、机といす、チャイムなど）が考えられます。
　　担任としては、学童保育で不適応の場合、保護者の了解のもとに個人情報に配慮しつつ連携会議を開催したり、学校での配慮内容や対応の仕方などを情報提供し、要因を分析しながら学童指導員との連携を深めていきます。

Q54 大学や民間施設との連携

Q54-1 児童生徒が大学の相談室や民間の各種教室等に通っている場合、見学を希望するにはどのような手続きが必要ですか。

A54-1 まず、保護者・本人に見学の希望を伝えます。保護者がその施設に連絡をして、許可を得てから見学に行きましょう。

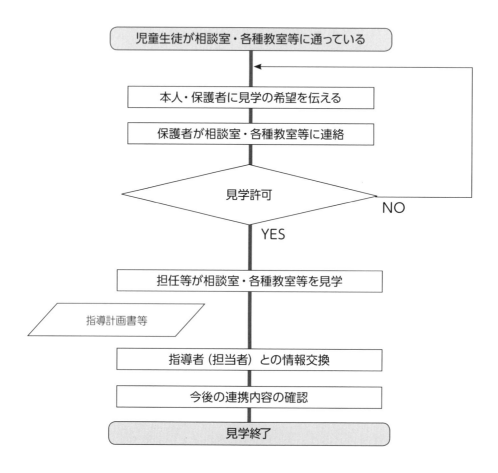

■担任や教科担当が参考にできる指導方法例

知 的	個別の指導計画における細かなステップの作成の仕方など
肢 体	自立活動における上肢や下肢のスムーズな動作への指導方法など
病 弱	室温調整や健康管理の仕方など
弱 視	物の見え方、見せ方の指導方法など
難 聴	聞こえのトーンの範囲、最適な聞こえの場所など
言 語	自立活動における呼吸法や発音の指導方法など
自 情	絵カードやカード写真の使い方、ソーシャルスキルトレーニングの内容、教室環境の構造化など

第Ⅳ章　特別支援学級経営のポイント77

福祉・教育機関等との連携

Q54-2 大学が設置する相談室や特別支援教育センターとは、どのようなところで、どのようなことをしていますか。

A54-2 　全国の大学（教育系、福祉系）には、「特別支援教育実践センター」や「心理教育相談室」などが様々に設置されています。その施設では、児童生徒のための教育相談、定期的な指導、個別検査の実施、教材・教具の開発や提供などが行われています。スタッフについては、主に大学教員の指導のもとに大学院生や研修生等が担当しています。

　一方、大学附属病院には、内科、外科、整形外科、循環器科、眼科、耳鼻科、口腔外科、精神科等の診療科が設置されていて、それぞれの障害（知的・肢体・病弱・弱視・難聴・言語・自情）の診察・相談・治療に対応する医師や看護師だけでなく、臨床心理士（SC）、作業療法士（OT）、理学療法士（PT）、言語聴覚士（ST）、視能訓練士（CO）、聴能訓練士、健康運動訓練士、義肢装具士、はり師・きゅう師などのスタッフを揃えているところもあります。

　いずれにしても、児童生徒がこのような施設で治療や指導を受けている場合には、一度くらいは治療や指導の様子を見たり、指導者（担当者）から説明を受けるなど情報交換し、連携を深めていきたいものです。「自立活動」の指導や日々の児童生徒への対応の仕方が参考になることもあるはずです。

Q54-3 民間が経営する教室等とは、どのようなところで、どのようなことをしていますか。

A54-3 　近年、民間の個人、NPO法人、一般企業、社会福祉法人などが各種教室等を経営しています。例えば、読み・書き・計算の学習塾（学習障害への支援等）、言葉の教室（構音障害の治療等）、眼科医院や視機能センター（空間認知障害への支援、視覚認知へのトレーニング等）、心理相談室（ソーシャルスキルトレーニング等）、スポーツ教室（運動・スポーツ等）、音楽教室（音楽療法等）などです。児童生徒の中には、それぞれの各種教室等で指導やトレーニングを受けている場合も少なくありません。保護者によっては「藁をもすがる」思いで熱心に通わせていたり、また、地域によっては、専門機関がなかったり長期間の予約待ちもあるので、近場で手軽さから塾感覚で通わせている場合もあります。

　まずは、児童生徒からの情報を得て、その後に保護者を通して見学に行ってみてはいかがでしょうか。学校・学級では見せない姿や行動が見られるかもしれませんね。

157

Q55 特別支援学校との連携

Q55-1 特別支援学校から支援・援助を求めたいときには、どのような手続きをすればよいですか。

A55-1 特別支援学校への支援要請は、以下のようなフローがあります。直接連絡して、どのような支援が受けられるかを確認しましょう。

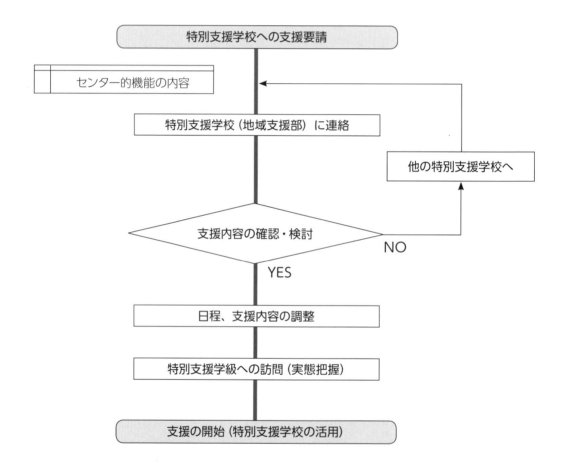

■特別支援学校の活用例

知　的	生活単元学習等の指導方法、知能検査・発達検査の実施、教材・教具の貸出など
肢　体	自立活動の指導方法、姿勢保持の仕方、支援具の使い方など
病　弱	環境調整や体調管理の仕方、自立活動の指導方法など
弱　視	視力検査の実施、歩行訓練の仕方、自立活動の指導方法など
難　聴	聴力検査の実施、補聴器の調整、自立活動の指導方法など
言　語	言語発達検査の実施、言語訓練の実施、自立活動の指導方法など
自　情	行動療法やSSTの仕方、薬物治療やパニック等への対応、自立活動の指導方法など

第IV章　特別支援学級経営のポイント 77

福祉・教育機関等との連携

Q55-2 特別支援学校のセンター的機能やスクールクラスター化とは、どのようなことですか。

A55-2　特殊教育から特別支援教育への転換により特別支援学校は、地域において障害児に適切な教育を保障する機関の一つとして専門性を発揮することが求められました。つまり、「センター的機能」と「スクールクラスター化」の充実です。特別支援学校は、その取組として、小・中学校等の教員への助言・援助、教材・教具の貸し出し、就学や転学等についての相談・助言、個別の知能・発達検査の実施、特別支援教育関連の研修会の企画、通級による指導の実施など多種・多用となっています。

　特別支援学級の担任は、特別支援学校のセンター的役割を十分に把握した上で、何を活用したいのかを明確にして連携・協働を深めていくことです。

Q55-3 特別支援学校との交流及び共同学習における連携は、どのようにすればよいですか。（Q28 ～ 30 参照）

A55-3　特別支援学級が特別支援学校と交流及び共同学習（学校間交流）をする場合があります。例えば、特別支援学級の児童生徒が特別支援学校へ出向く場合や、通常の小・中学校内に特別支援学校の分校・分教室が併置されていて特別支援学校の児童生徒が特別支援学級に出向く場合があり、学校行事などに参加したり、一緒に作業学習を体験することがあります。このような交流及び共同学習は、双方にとって将来の進学先を意識させるために必要不可欠となります。明確に教育課程に位置付けたり年間指導計画を作成して、計画的・組織的に取り組むようにします。

Q55-4 特別支援学校への進学・転学における連携は、どのようにすればよいですか。

A55-4　特別支援学級から特別支援学校に進学・転学する場合があります。その際には、特別支援学校の情報を収集したり、学校見学や教育相談などを通して連携を密にしていくことが重要です。

　学習指導要領では、「学びの連続性」が強調されています。特別支援学級の児童生徒がこれまで積み重ねてきた学習や活動が、特別支援学校に進学・転学しても途切れることのないように、個別の３計画（教育支援計画、指導計画、移行支援計画）を活用するなどして、連携を図っていきましょう。

Q56 校内就学支援委員会と特別支援学級への就学判断

Q56-1 通常の学級の児童生徒が学習に困難になっています。教育的ニーズに応じた就学相談はどのように行ったらよいですか。

A56-1 就学相談が単なる教育的措置を検討するだけのものにならないよう、以下のフローのように教育対応を考えていきます。

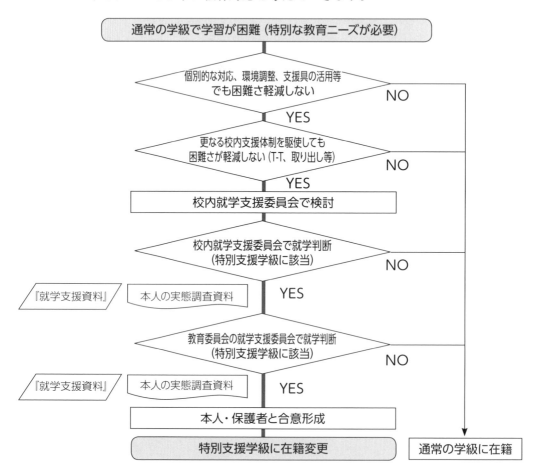

■保護者との就学相談（特別支援学級）のポイント

知　的	当該学年の学習理解が相当困難など
肢　体	歩行がぎこちない、転びやすい、集団行動が極端に遅れるなど
病　弱	病気治療しながらの通学や退院後の学校生活に不安を見せるなど
弱　視	拡大文字でも限界がある、物に目を近づけて見るなど
難　聴	教師の声が聞き取れない、聞きもらしが頻繁、反応が遅いなど
言　語	発音が不明瞭、聞き取れない、吃音が激しいなど
自　情	対人関係が極端に苦手、薬物療法でも改善しない、こだわりがあり切り替えができない、集団活動が苦手、学校で誰とも話さないなど

第Ⅳ章　特別支援学級経営のポイント 77

就学相談

Q56-2 校内就学支援委員会の目的を教えてください。

A56-2　特別な教育的ニーズのある児童生徒に対して、就学前から就学後までの一貫した支援を行うために継続的に適切な就学支援を検討していくことを目的としています。

Q56-3 校内における校内就学支援委員会の位置付けを教えてください。

A56-3　特別な教育的ニーズのある児童生徒を早期把握し、効果的な支援の在り方を検討したり、機関連携を検討したりするなど、校内支援体制を構築する校内委員会の一つとして位置付けられます。

Q56-4 校内就学支援委員会ではどのような資料が必要となりますか。

A56-4　資料は、①本人の状態像（障害の程度・各種検査結果・学校生活や家庭生活の様子）、②生育歴・家族歴・医療歴・相談歴、③支援の経緯と結果（特に有効であった支援）、④本人・保護者・担任のニーズなどです。

Q56-5 通常の学級での「要観察児童生徒」とは、どのような児童生徒をさすのですか。

A56-5　要観察児童生徒とは、①本来、特別支援学級該当と判断されたが保護者の不同意などにより通常の学級に在籍した児童生徒、②将来、特別支援学級該当となる可能性があるが、通常の学級に在籍させて学習や適応の状態を経過観察する児童生徒のことを言います。1年間経過観察して、次年度に「継続」するのか、「解除」するのかを校内就学支援員会で判断して、市区町村の就学支援委員会に報告します。

Q56-6 一度合意された「学びの場」は変わることはないのですか。

A56-6　「学びの場」は、児童生徒の適応状況や環境変化による状態像の変化に応じて、変更することが可能です。それには、個別の教育支援計画の作成・評価を経て、変容を確認していくことが大切です。その上で、「学びの場」の見直しを校内就学支援委員会で検討していきます。他の「学びの場」の教育課程や支援内容を検討し、就学先について慎重に判断をしていきます。

Q57 通常の学級への転籍

Q57-1 特別支援学級から通常の学級への転籍は、どのように判断して、就学相談を勧めたらよいですか。

A57-1 本人の実態や教育的ニーズを把握したり、適応状況を確認したりするために、通常の学級の学習活動に積極的に参加させ、望ましい教育対応を検討しましょう。

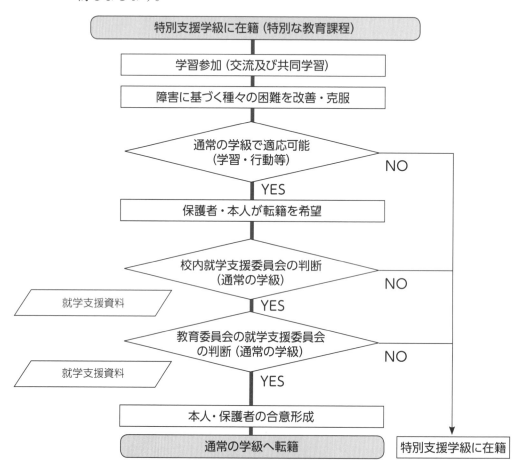

■障害別による通常の学級における在籍変更の見極め例

知 的	基本的に在籍変更は難しい（知的な遅れや生活への適応能力が改善された）。
肢 体	補装具による歩行や筆記など、基本的な動作が可能になった。
病 弱	疾患等状態や身体虚弱状態が医療や生活管理を必要しなくなった。
弱 視	拡大鏡等を使用すれば文字や図形など認識ができるようになった。
難 聴	補聴器等を使用すれば話声を理解することができるようになった。
言 語	口蓋裂等構音障害、吃音、言語機能発達の遅れが改善された。
自 情	意思疎通に困難さがなく、対人関係がほぼ良好になった。

第Ⅳ章　特別支援学級経営のポイント77

就学相談

Q57-2 通常の学級に在籍変更するための本人・保護者説明は、どのように行ったらよいですか。

A57-2 　本人・保護者の中には、「いつかは通常の学級に戻りたい（戻したい）」と願っていることも少なくありません。また、高等学校（全日制）の進学を目指すためにも通常の学級で学習したほうがよい場合もあります。そこで、特別支援学級に在学した当初から本人・保護者と確認しておくことが重要です。また、本人・保護者には、通常の学級に在籍変更をする場合には、諸条件があり、クリアしなければならないことを説明します。例えば、以下のような4つの条件を示すこともあります。なお、月に数回、通常の学級で、特別支援学級担任や学習支援員等がほとんどサポートしない"お試し"を朝の会から帰りの会まで実施して見極めていくことも必要でしょう。

①個別検査（WISC-Ⅳ、KABC-Ⅱ等）で最低 IQ = 70 以上、可能であれば IQ=85 以上
②身辺自立（着替え、食事、排泄）が可能
③教科学習が可能（単元テストや評価テスト等で、学級の最低点数との差が10点以内、例えば、最低点が40点であれば、本人は30点を下回らない）
④集団適応が可能（通常の学級担任が1人で授業した場合に、ほとんど支援を必要としない状態であること）

Q57-3 通常の学級の中で配慮する内容を教えてください。

A57-3 　それぞれの障害種に応じた以下のような内容が考えられます。

知　的	・教科書の漢字にルビ（ふり仮名）をふる。 ・文字カードや絵カードを使用する。 ・役割分担を明確にしたグループ活動を行う。
肢　体	・板書はパソコンやタブレット等の機器を使用する。 ・車いす等が使用できる教室・廊下・エレベーターなどの施設設備を設置する。 ・状態に応じた給食（量・内容・形態など）を提供する。
病　弱	・風の当たり方や気温等、教室環境を整備する。 ・休憩の取り方や服薬の管理を本人と一緒に考える。 ・入院、定期受診等により授業に参加できなかった期間の学習内容を補う。
弱　視	・教科書やプリントを拡大する。拡大教科書や電子教科書を使用する。 ・拡大読書器や書見台、拡大レンズなど必要な支援具を用意する。 ・教室内の光源の確保と調整を行う。
難　聴	・指示や学習内容を視覚的情報にする。 ・聞き取り困難な環境でも、話し手の声を送受信しできる補聴援助システムを用いる。
言　語	・落ち着いて話ができるように、音読等は一番初めに指名しない。 ・スピーチは予め録音しておく。
自　情	・学習の流れのシートを机に貼っておく。 ・大きな音を避けるために、イヤーマフをつける。 ・コンピュータやデジタル教材を使用する。

Q58 特別支援学校への転校

Q58-1 特別支援学級から特別支援学校への転校にかかわる手順や就学相談は、どのように行ったらよいですか。

A58-1 本人の実態や教育的ニーズを把握したり、適応状況を確認したりするために、特別支援学校の見学や体験を勧めましょう。その上で、望ましい教育対応を関係者で検討しましょう。

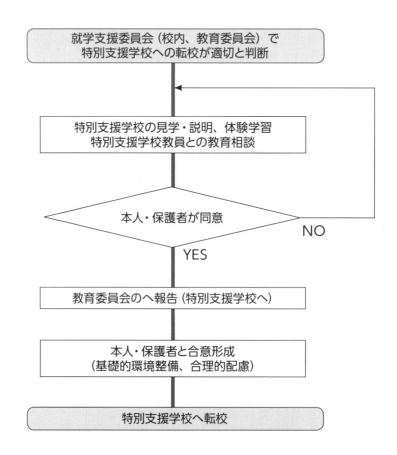

■特別支援学校へ転籍する見極めの例

知 的	周囲とのコミュニケーションが取れない、着替え・食事・排泄等、日常生活への援助が頻繁になった。	
肢 体	様々な補装具での歩行、着替え、食事、排泄、筆記等ができなくなった。	
病 弱	長期の入院が必要になった。安静時間が長くなった。運動や行動の制限が増えた。	
弱 視	拡大鏡等を使用しても文字、図形等の視覚による認識ができなくなった。	
難 聴	補聴器等を使用しても話声を理解することができなくなった。	
言 語	上記の状態が重複されない場合、特別支援学校転籍は該当しない。	
自 情	上記の状態が重複されない場合、特別支援学校転籍は該当しない。	

第Ⅳ章　特別支援学級経営のポイント77

就学相談

Q58-2 特別支援学級と特別支援学校では、どんな違いがあるのですか。

A58-2　違いは以下の表の通りです。それぞれのメリット・デメリットを十分に把握しておくことが大切です。

	特別支援学級	特別支援学校
職員数と専門性	・8名で1学級 ・補助教員・介助員等の導入 ・特別支援学校教員免許取得者約3割	・6名で1学級 　（重複障害の場合は3名で1学級） ・介助員等の導入 ・看護師・療法士の配置 ・特別支援学校教員免許取得者約7割
施設設備用具　等	・児童生徒の実態に応じて各校で工夫	・バリアフリー、送迎バス、実態に応じた設備・用具などが充実
機関連携	・児童生徒の実態に応じて必要な機関と連携	・市町村障害福祉課・療育等センター・病院・放課後等デイサービスなどの連携は比較的密接
交　流	・通常の学級の児童生徒との交流回数は多数	・通常の学級の児童生徒との交流回数は希薄
情　報	・本人・保護者・担任自らが情報を集める	・障害に関する研修会や福祉に関する情報・進路情報が集約

Q58-3 特別支援学校の見学・体験を保護者に勧める上で、留意する点は、どんなことですか。

A58-3　見学や体験を通して、在籍時のイメージをもたせます。上級学部の見学は将来の姿をイメージすることもできます。特別支援学校教員に質問や要望を聞き取ってもらったり、できることとできないことを説明してもらったりします。その後、担任は保護者と情報を共有して相談を勧めることが大切です。

Q58-4 特別支援学校の就学基準は、どのような内容ですか。

A58-4　学校教育法施行令第22条の3に、特別支援学校の就学基準が示されています。

知的障害者	1　知的発達の遅滞があり、他人との意思疎通が困難で日常生活を営むのに頻繁に援助を必要とする程度のもの 2　知的発達の遅滞の程度が前号に掲げる程度に達しないもののうち、社会生活への適応が著しく困難なもの
肢体不自由者	1　肢体不自由の状態が補装具の使用によっても歩行、筆記等日常生活における基本的な動作が不可能又は困難な程度のもの 2　肢体不自由の状態が前号に掲げる程度に達しないもののうち、常時の医学的観察指導を必要とする程度のもの
病弱者	1　慢性の呼吸器疾患、腎臓疾患及び神経疾患、悪性新生物その他の疾患の状態が継続して医療又は生活規制を必要とする程度のもの 2　身体虚弱の状態が継続して生活規制を必要とする程度のもの
視覚障害者	両眼の視力がおおむね0.3未満のもの又は視力以外の視機能障害が高度のもののうち、拡大鏡等の使用によっても通常の文字、図形等の視覚による認識が不可能又は著しく困難な程度のもの
聴覚障害者	両耳の聴力レベルがおおむね60デシベル以上のもののうち、補聴器等の使用によっても通常の話声を解することが不可能又は著しく困難な程度のもの

備考一　視力の測定は、万国式試視力表によるものとし、屈折異常があるものについては、矯正視力によって測定する。
　　二　聴力の測定は、日本工業規格によるオージオメータによる。

Q59 校内の授業研究の進め方

Q59-1 特別支援学級として、校内研究ではどのように参加したらよいですか。

A59-1 研究テーマや重点教科など、通常の学級と合わせられないときは、研究主任と相談して研究を進めます。児童生徒の実態を見ていただく機会ととらえ、進んで授業公開しましょう。校内の教師だけでなく、近隣の特別支援学級の担任（小中連携も含めて）にも参観していただき、意見や感想をもらいましょう。

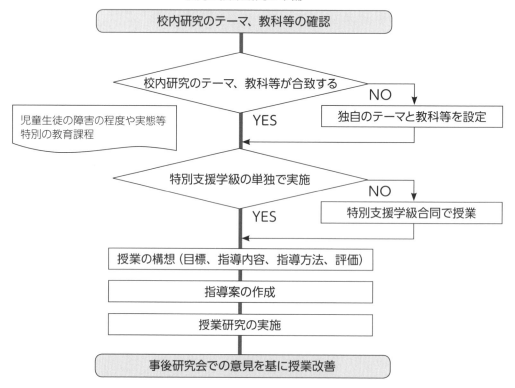

■授業を組み立てるときのポイント

知 的	下学年の内容を扱う教科の場合の目標設定に留意する。
肢 体	肢体不自由に配慮した補助具や活動内容の設定を行う。
病 弱	生活経験や授業に取り組める体力を考慮した活動内容を設定する。
弱 視	視力の程度に配慮した支援方法を明記する。
難 聴	視覚支援の教材の準備や、聞き取りやすい教師の発問を工夫する。
言 語	指導内容を明確にし、対象児童生徒に合った教材の選定と、進めるテンポを考える。
自 情	情緒の安定に配慮し、視覚優位か、聴覚優位かに合わせた学習支援を考える。

第Ⅳ章　特別支援学級経営のポイント77

授業研究

Q59-2 一つのクラスに複数学年がいる場合の授業はどうしたらよいですか。

A59-2　　学年が近い場合は、単元の順番を多少入れ替えて同じような内容の単元を組み合わせて複式で授業を行います。複式の授業は、教師が渡り歩き、教師と学習する時間、自力で学習する時間を組み合わせて学習を行っていきます。

　　教科によっては、2学年にまたがる目標設定になっているので、隣接した学年の場合は、同じ目標で、同じ内容の授業をすることも可能です。

Q59-3 特別支援学級の指導案はどのように書いたらよいですか。

A59-3　　基本は通常の学級の指導案と同じですが、個別の実態と目標がプラスになります。指導案の様式は、各学校によって異なりますが、児童生徒の実態と目標が伝わり、指導者の手立てが具体的に見えるような指導案にしましょう。

```
　　　　　○○科　　学習指導案

　　　　　　　　　　　　　　日　　時
　　　　　　　　　　　　　　指導者

1　単元名

2　単元の目標
　(1)知識・技能
　(2)思考・判断・表現
　(3)主体的に学習に取り組む態度

3　指導にあたって
　(1)児童生徒について
　(2)単元について
　(3)指導について

4　指導計画

5　本時の指導
　(1)全体目標
　　①知識・技能
　　②思考・判断・表現
　　③主体的に学習に取り組む態度
　(2)個別目標
　　①知識・技能
　　②思考・判断・表現
　　③主体的に学習に取り組む態度
　(3)指導過程

6　評価

7　場の設定
```

```
　　　　　道徳科　　学習指導案

　　　　　　　　　　　　　　日　　時
　　　　　　　　　　　　　　指導者

1　主題名
　　資料名

2　主題設定の理由
　(1)児童生徒の実態
　(2)ねらいとする価値について
　(3)資料について

3　指導にあたって

4　本時の指導
　(1)ねらい
　(2)個別のねらい
　(3)展開
　　　　（導入・展開・終末）

5　評価
```

Q60 指導主事訪問への対応

Q60-1 教育委員会等の指導主事には、どのような授業を見てもらい指導を受ければよいですか。

A60-1 　授業の目標をしっかり提示し、児童生徒が生き生きと参加できる授業にしましょう。児童生徒の障害の程度や実態を考慮しながら、指導の観点や授業の流れが見えるように設定にします。授業後は、指導主事からの指導助言を受けて、さらなる授業改善をしていきます。以下には、授業の学習過程を示しました。

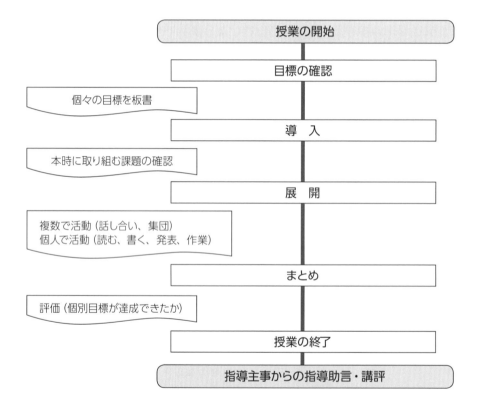

■授業活動での障害に配慮した視点

知　的	知的好奇心が湧き、継続して取り組めるような授業内容にします。
肢　体	手先の動きや体の動きから配慮を要することは何かを整理して授業に臨みます。
病　弱	体調に配慮して授業を組み立てます。
弱　視	見え方に配慮した教具を工夫します。
難　聴	聞こえ具合に配慮した授業の流し方や言葉の意味を確認します。
言　語	発音が明確になるような教材を選定します。
自　情	気持ちの安定を図り、見通しをもたせる授業の流れを工夫します。

授業研究

Q60-2 指導主事訪問時の授業参観で配慮することはなんですか。

A60-2 指導案の中での児童生徒と実際の児童生徒が分かるように、机に名前を書いたり、名札をつけさせます。また、途中からの授業参観でも授業の進度が分かるように、板書を工夫します。見慣れない人が入ってきて不安定になる児童生徒もいますので、挨拶をするなどして気分転換を図りましょう。

【板書計画（知的障害学級1、2年複式 算数科の授業例）】

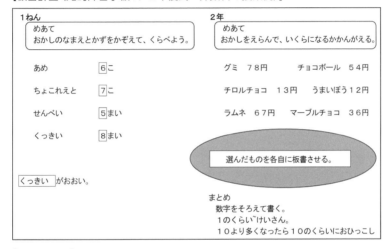

【教室配置図】

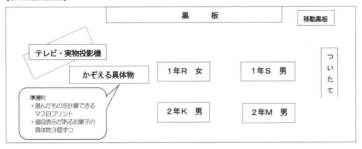

Q60-3 教室環境で配慮することはなんですか。

A60-3 指導主事は、授業参観だけでなく、教室全体の学習環境（机といすの配置、作業台、作品等の掲示物、着替えの場所、休憩場所、遊び物など）も確認します。特別支援学級は、障害に配慮した学級経営ができているかといった視点で教室環境を整えることが重要です。特に、自閉症・情緒障害の児童生徒には、構造化されているか、個別化されているかが授業参観するポイントとなります。

Q61 避難訓練

Q61-1 避難訓練はどのように実施されるのですか。

A61-1 避難訓練の実施は、以下のようなフローになります。地域や学校の状況を踏まえ、安全な避難方法を覚え、自分の身は自分で守る力を付けます。

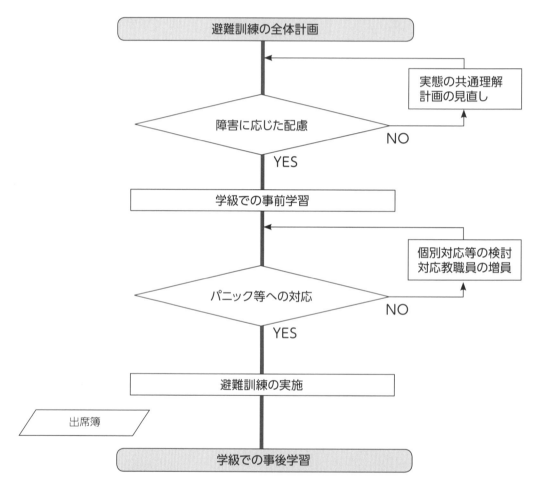

■避難訓練時の支援のポイント

知 的	言葉掛けをしながら、正しい避難経路で避難できるよう誘導します。
肢 体	移動時の補助のため、担任以外の応援に駆けつけてもらいます。
病 弱	体調不良になったら、緊急時の体制に基づいて対処します。
弱 視	移動時の段差等への支援をします。
難 聴	サイレンや音声指示にかわる代替ツールを用意します。
言 語	うまく意思表示できないための代替ツールを用意します。
自 情	事前の予告や日常とは異なる状況に対応できるよう、安心グッズ等を用意します。

第Ⅳ章　特別支援学級経営のポイント77

危機管理

Q61-2 避難訓練の計画・実施にあたって、気をつけることはなんですか。

A61-2　　避難訓練は、東日本大震災の発生以後、その重要性がますます言われるようになりました。実施にあたっては、各学校において立地条件や校舎の構造等に十分考慮し、火災、地震、津波など多様な災害を想定します。実施の時期や回数は、年間を通して季節や社会的行事等との関連および地域の実態を考慮して決定します。その際、休憩時間、清掃時間など災害の発生時間に変化をもたせ、児童生徒等が様々な場所にいる場合にも、自らの判断で安全に対処できるような力を身に付けます。

Q61-3 障害のある児童生徒への配慮で、特に必要なことはなんですか。

A61-3　　障害のある児童生徒が災害に遭遇した場合は、移動の困難さ、未熟な判断力、情緒の不安定さ等、大きなリスクがあります。担任は、非常事態時に考えられる突発的な行動やパニックと具体的なその対応等について、あらかじめ他の教職員に知らせておくことが必要です。また、日ごろから学校全体で児童生徒の実態を共通理解し、どの職員がどのように対応するかを考えておきます。

Q61-4 学校全体で取り組む様々な避難訓練について教えてください。

A61-4　　地震、火災、津波の避難訓練について例を示します。

種　類	内　　　容	特別支援学級での対応
地震に対する避難訓練	・地震動を感知し、身の安全を守る訓練 ・緊急地震速報に対応する訓練 ・地震動終息後、より安全な場所に移動する訓練 ・保護者への引き渡し訓練	・防災頭巾が苦手な場合への代替ツール（タオル、ヘルメット、帽子等）の用意
火災発生時の避難訓練	・火災報知器が鳴った場合に対応する訓練 ・理科室、家庭科室（調理室）、給食調理場、職員室等からの出火により、安全な避難経路で移動する訓練	・サイレンを苦手とする場合の配慮（イヤーマフ等の使用） ・移動経路を示す矢印の表示（事前掲示）
津波に対する避難訓練	・地震に対する訓練と合わせ、学校付近の高台や津波避難ビルまでの移動の訓練	・学校外への移動訓練の事前実施（ルートの理解と確認等）

Q61-5 特別支援学級における避難訓練に関する学習はどうすればよいですか。

A61-5　　児童生徒の発達段階に応じて、日ごろから災害への意識を高めるとともに、避難訓練の前後にしっかり学べるようにします。

種　類	内　　　容
事前・事後の学習	・視覚的な情報（ＤＶＤ・写真等）や、聴覚的な情報（サイレン・地震の音等）を活用し、避難訓練当日の流れや避難の仕方についての学習を実施する。 ・事前には避難の練習を行い、終了後には振り返りと、情緒の安定を図る。
日常における意識付け	・「お・は・し・も」（おさない・はしらない・しゃべらない・もどらない）といった合い言葉等の活用をする。 ・保護者と連携し、家庭でも意識付けをしてもらう。

Q62 安全教育(生活安全・交通安全)

Q62-1 安全教育には、どのように取り組めばよいですか。

A62-1 安全教育は、以下のようなフローで進めます。障害のある児童生徒は、判断力が未熟なことが多いため、年間を通して計画的に実施します。

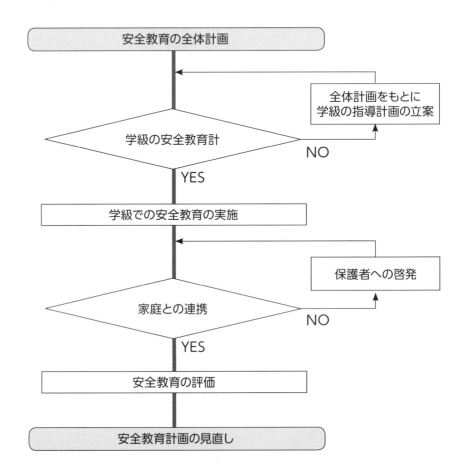

■安全教育を指導する際のポイント

知的	危険に対する意識が乏しいことが多いため、学校生活全般で意識付けをしながら、ロールプレイ等で具体的に学べるようにします。
肢体	危険な状態を知り、危険を回避できる方法を学べるようにします。
病弱	
弱視	自分の特性を理解しながら、危険を回避できる方法をロールプレイ等で具体的に学べるようにします。
難聴	
言語	
自情	危険な行為に興味をもつ場合があるため、こだわりや誤学習とならないよう正しいルールを教えます。

第Ⅳ章　特別支援学級経営のポイント77

危機管理

Q62-2 安全教育の意義はなんですか。

A62-2　平成20年6月に学校保健法を改正し、学校保健安全法として各学校における学校安全計画の策定・実施が義務付けされました。また、学校教育における安全教育については、学習指導要領の総則に示されています。

近年、児童生徒の命にかかわる大きな事故や事件が発生していることから、安全教育の重要性は今後ますます大きくなっていくと考えられます。

Q62-3 特別支援学級では、どのような安全教育が必要ですか。

A62-3　安全教育の主な内容は、生活安全と、交通安全です。

学校で実施する防犯教室や交通安全教室が実施される場合は、特別支援学級の児童生徒も参加させます。

種　類	内　　容	活　動　例
生活安全	・登下校や学校生活全般で、安全な生活を送るためのルールを学ぶ。 ・子供110番、コンビニなど、安全な場所を知る。	・危険な遊びや危険な場所を知る。 ・児童生徒の行動範囲をもとに学級版「地域の安全マップづくり」をする。 ・学区探検
	・警察官等による防犯教室を行う。 （連れ去り、不審者、携帯を使った犯罪からの回避等）	・DVDや寸劇など、視覚的体験的な活動を取り入れる。 ・中学生には携帯にかかわる危険も知らせたい。
交通安全	・発達段階に応じて基本的な交通ルールを学ぶ。	・横断歩道の渡り方、標識、信号、道路の歩き方等を絵カードや写真から学ぶ。
	・警察官や交通指導員等による交通安全教室を行う。	・通常の学級の児童生徒との交流及び共同学習を行う。 ・中学生については、自転車の乗り方も学ぶ。

Q62-4 家庭への啓発はどうすればよいですか。

A62-4　防犯や交通安全の知識は家庭生活で活かされること大切です。学校で学んだことを便り等で家庭に知らせたり、保護者には下校後や休日の行動範囲をしっかり把握してもらい、児童生徒の遊び場（公園等）や、いつも通る道の安全にも配慮してもらうように働き掛けをしましょう。

Q62-5 下校時や校外学習等で事故や迷子になったときの対応はなんですか。

A62-5　児童生徒の危機管理を考えるとともに、最小限に防ぐ方法を備えておくことが重要です。例えば、カバンの中に名札等を常に携帯させたり、自分の名刺（写真入り）を作成してそれを校外学習の時に交番や警察署に持参して挨拶をしておく方法もあります。

173

Q63 防災教育

Q63-1 防災教育には、どのように取り組めばよいですか。

A63-1 防災教育についての進め方のフローは、以下の通りです。学校の全体計画を踏まえ、特別支援学級の児童生徒に実態に応じて進めましょう。

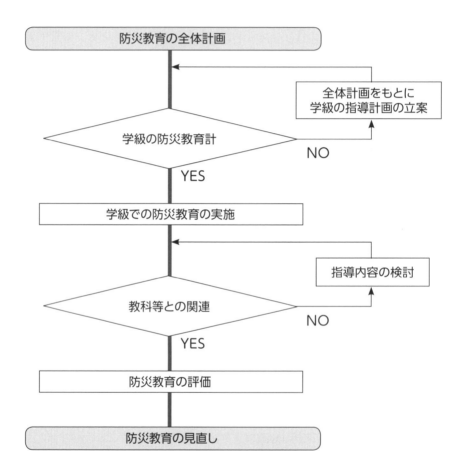

■防災教育の指導ポイント

知 的	危険に対する意識が乏しいことが多いため、学校生活全般で意識づけます。
肢 体	自分にとって危険な状態はどういう状態かを知り、助けを求める方法を学べるようにします。
病 弱	
弱 視	自分の特性を理解しながら、自分で自分の身を守る方法を学べるようにします。
難 聴	
言 語	
自 情	突発的な出来事に遭遇するとパニックになる可能性がある場合は、対処する方法を学びます。

第Ⅳ章　特別支援学級経営のポイント 77

危機管理

Q63-2 防災教育のねらいはなんですか。

A63-2 防災教育は様々な危険から児童生徒等の安全を確保するために行われる安全教育の一部をなすものです。防災教育のねらいは、「『生きる力』をはぐくむ学校での安全教育」（文部科学省、平成22年）に示された安全教育の目標に準じて、次のような3つにまとめられています。

> ア　自然災害等の現状、原因及び減災等について理解を深め、現在及び将来に直面する災害に対して、的確な思考・判断に基づく適切な意志決定や行動選択ができるようにする。
> イ　地震、台風の発生等に伴う危険を理解・予測し、自らの安全を確保するための行動ができるようにするとともに、日常的な備えができるようにする。
> ウ　自他の生命を尊重し、安全で安心な社会づくりの重要性を認識して、学校、家庭及び地域社会の安全活動に進んで参加・協力し、貢献できるようにする。

Q63-3 特別支援学級ではどのように取り組めばよいですか。

A63-3 障害のある児童生徒については、災害時のリスクが大きいことから、「災害発生時には自分の命を守るためにどう行動すればよいのか」を、日々の生活の様々な場面で考えさせ、防災への意識を高めていくことが大切です。

　また、教師の指示を聞く、指示通りの行動ができる、必要な場合には援助を求めることができる等、災害に対する知識や理解だけでなく、コミュニケーション力や社会性のスキル等の向上も大切な防災教育の一つと言えます。

Q63-4 特別支援学級で扱うとよい内容を教えてください。

A63-4 教科との関連を意識した内容を例示します。

事　項	内　　容		主な関連教科等
災害時の対処について	地震が起こったら	・自分の身を守る方法や、避難後の生活について知る。	特別活動 総合的な学習の時間 家庭
	風水害が起こったら		
	避難所生活とは		
自然災害のしくみ	地震・津波のしくみ	・災害にかかわる自然事象を知る。	理科
	地形・火山		
	気象・天気		
人命尊重	命の大切さ	・自分の命を守るだけでなく、助け合いの大切さや心身の健康を守る大切さを知る。	道徳 保健
	助け合い・思いやり		
	事故やけがの防止		
	心のケア		
社会のしくみ	消防署の仕事	・防災に関する取組を知る。	社会 国語
	警察官の仕事		
	防災センターの見学		
	新聞をつくろう		
地域について	防災マップをつくろう	・地域の様子を知ることで、危険なところを知る。	社会 生活
	わたしの町のはっけん		
	市（町）の様子		

※近年、市町村や地域で「防災リーフレット」「防災ノート」「防災マップ」等が作成されています。学習時に活用するとよいでしょう。

175

Q64 薬物治療の必要性

Q64-1 問題行動が頻発しているため、医療受診（薬物治療）を勧めたいのですが、どのようにすればよいですか。

A64-1 薬物治療を考える前に、目標行動を定めて行動療法等を実施して薬物治療が必要か否かを確認します。それでも改善しなければ以下のようなフローで医療受診を勧めましょう。

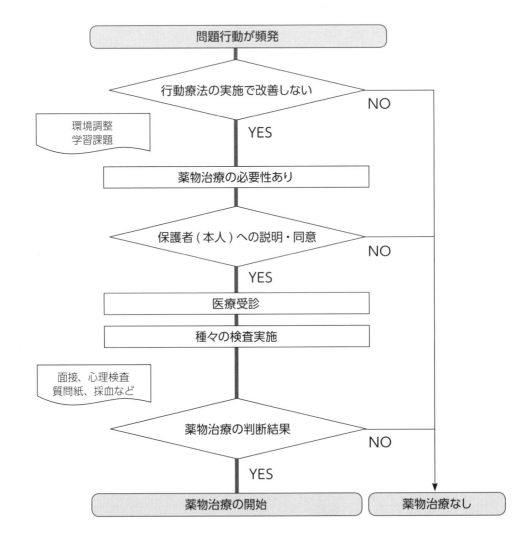

■薬物治療が不可能な場合の対応

病弱自情	保護者・本人が医療受診（薬物治療）を拒否したり、医師が薬物治療の必要がないと判断する場合もあります。その場合には、再度、学校学級において支援体制や指導方法の見直しを考えましょう。

第Ⅳ章　特別支援学級経営のポイント77

医療機関との連携・薬物治療

Q64-2 ADHD の児童生徒に対する医療面接から薬物処方までの内容を教えてください。担任は、どのようにかかわればよいですか。

A64-2　　内容は以下の通りです。医療機関（主治医）から、担任に対して学校での様子を聞き取る「質問紙」があります。本人の特性や実態を正確に伝えましょう。

1	・初期面接、病歴 ・質問紙（ADHD-RSJ）…＜家庭用＞と＜学校用＞
2	・質問紙（ADHD-RSJ）の解釈
3	・臨床面接フォーム 11 ページ（病歴、ADHD,ODD,CD,PDD） ・依存障害診断・評価用オプションフォーム 12 ページ 　（強迫性、分離不安、過剰不安、全般性不安、社会恐怖、適応、気分、反応性愛着、排泄、 　チック、吃音、睡眠、LD、運動能力）
4	・心理検査（WISC- Ⅳ、KABC- Ⅱ など） ・採血検査（血液、甲状腺、肝機能） ・血圧、心電図、緑内障のチェック

ODD（反抗挑戦性障害、反抗挑発症：oppositional defiant disorder）
CD（行為障害、素行症：conduct disorder）
PDD（広汎性発達障害：pervasive developmental disorder）

Q64-3 担任として、どのような行動療法ができますか。

A64-3　　行動療法は、問題となっている行動を明確にして、それを改善していくために「強化」や「弱化」して行動を制御してきます。例えば、問題行動が改善（制御）されたら「褒める」、生起したら「ペナルティ」を与えます。本人が自分の問題行動が改善されていることが分かるように、グラフ等で数値を示していくとよいでしょう。

Q64-4 保護者に対して本人の医療受診を勧めたいのですが、どのように伝えればよいですか。

A64-4　　医療受診を勧める場面では、担任教師が単独で実施することのないようにします。必ず、管理職、特別支援教育コーディネーター、養護教諭なども同席することが重要です。また、担任や学校の判断だけではなく、特別支援教育専門家チームや巡回相談員などの専門家にも判断を委ね、その結果を保護者（本人）に伝えるようにします。

177

薬物治療と主治医や保護者との連携

Q65-1 児童生徒が医療機関に通院しています。学校で様々な配慮をするために主治医（担当者）からアドバイスを受けたり確認したいのですが、どのようにすればよいですか。

A65-1 保護者に連絡して、本人が受診する際に、担任が一緒に病院に行けるように主治医（担当者）に許可を申し出ます。

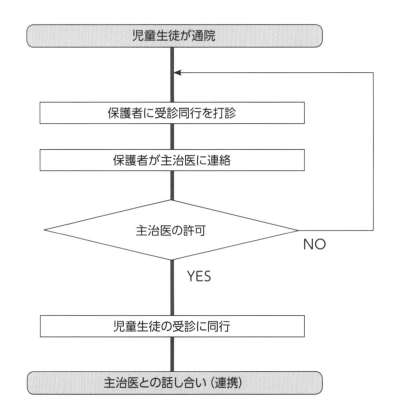

■自立活動や学校生活における主治医（担当者）との確認

知 的	個別検査の内容など
肢 体	身体機能面の内容、運動制限など
病 弱	内臓疾患面の内容、学習への参加度、服薬の影響（副作用）など
弱 視	視力機能面の内容、座席の配置、空間認知の影響など
難 聴	聴力機能面の内容、補聴器等の操作、座席の配置など
言 語	言語能力の内容、発音指導、言語了解度など
自 情	対人スキル面の内容、服薬の影響（副作用）、パニックへの対応など

第Ⅳ章　特別支援学級経営のポイント 77

医療機関との連携・薬物治療

Q65-2 本人・保護者がコンサータ等の服薬を中止したいと話していますが、どのように対応すればよいですか。

A65-2 　本人や保護者が服薬を勝手に中止して、問題行動がぶり返す場合があります。中止する場合は、まず、主治医に相談するように伝えます。中止する手順は、以下の通りです。
　　①土日などの休薬時に複数場面で問題がなくなった。
　　②行動評価を実施して２週間程度の休薬期間を設けながら休薬中の行動評価を実施する。
　　③薬なしで休薬期間を過ごせたら行動評価をよく見てから離脱を決定する。

Q65-3 本人が薬を飲むのを忘れたり、保護者も毎日本人に飲ませなかったりすると、学校でトラブルが頻発します。継続的に服用させるにはどのような手立てがありますか。

A65-3 　薬の管理と服用を本人・保護者に代わって担任や養護教諭がすることがあります。その場合には、本人・保護者との合意に基づき、校長名のもとに書面で「医療行為の代用」を作成（署名捺印）し、養護教諭と連携しながら実施します。また、修学旅行など宿泊を伴う行事のときにも同様で、「医療行為の代用」を明確にします。

Q65-4 主治医から本人について、「服薬するか否か判断するために、学校での様子を詳しく教えてほしい」との要望がありました。担任として、どのような記録を付けたり、報告をすればよいですか。

A65-4 　ADHD等の薬物治療では、主治医から「質問紙（ADHD-RSJ）」が渡されますので、質問項目にそって学校での実態を正確に記入します。特に質問紙が用意されていない場合には、トラブルや困難になっていることについて、「具体的な内容、どの程度の頻度」など、数値的に記録しておきます。また、学習成績や個別検査結果も重要となります。
　一方、本人の受診に合わせて、担任が付き添っていく場合もありますので、記録表や成績表などを持参するとよいでしょう。

Q66 担任の薬物治療支援

Q66-1 薬物治療している本人（保護者）に対して、担任はどのような支援や確認が必要ですか。

A66-1 担任は、薬物治療をしているかを本人・保護者に確認します。そして、その薬がどのような用途・用量・効果・副作用等があるかを把握し、学校学級内での配慮をしていきます。

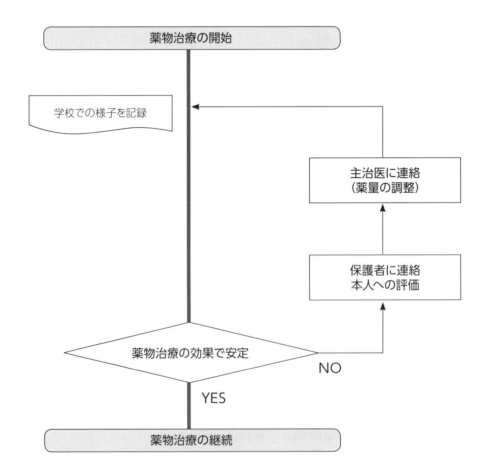

■個別の教育支援計画に記載

病弱 自情	・医療受診や薬物治療をしている場合には、医療との連携について、個別の教育支援計画に明記しなければなりません。 ・「診断名」「医療機関名（主治医名）」「医療開始時期」「薬物名」「薬物量」などを記入します。また、主治医の役割として、「いつ」「何をするのか」も明確にしておきます。 ・薬物治療による副作用など、「合理的配慮」も確認します。

第Ⅳ章　特別支援学級経営のポイント 77

医療機関との連携・薬物治療

Q66-2 薬物治療の効果があらわれない場合には、どのようなことが考えられますか。また、そのサポートはどのようにしたらよいですか。

A66-2　本人の問題行動が頻繁にあり、何度か保護者を説得し、やっと医療受診となり薬物治療が始まっても、なかなか薬の効果があらわれないこともあります。それには、以下のようないくつかの理由が考えられますので再確認する必要があります。

①薬だけに頼ってはいませんか？
　→学習環境や学習課題の調整も併せて必要です。

②医師又は保護者が本人に対して、薬の説明（薬名、効用、副作用）を説明していますか？
　→なぜ薬を飲まなければならないのか、その薬はどのようなものなのかを本人に説明をすることが必要です。納得して飲むことが大切です。

③担任教師は、薬が効いているか否かを本人に説明していますか？
　→本人が薬の効果を実感しない場合もあります。本人に対して薬が効いていることを評価してあげることが安定度につながります。

④保護者や本人が薬に対して抵抗を示していませんか？
　→薬に対しての疑心暗鬼（薬漬け、体重減、本人らしさがなくなる、食事量が減る、嘔吐などで合わない等）があると、飲まなかったり薬量を減らしていることがあります。

⑤本人がその日によって、薬を飲んだり飲まなかったりしていませんか？
　→薬の効力が弱くなって、効き目が薄くなります。

⑥投薬開始後に担任教師が主治医と連携して薬量を調整しましたか？
　→投薬開始後は、効果があらわれるように1か月ぐらいの目安で調整していきます。主治医との連携が必要です。

⑦本人が朝に安定して登校してきましたか？
　→登校前に家庭で叱られたり登校途中で友達とトラブルがあると、薬が効く前に不安定になります。

⑧本人の体重が増えていませんか？
　→薬の種類によっては体重により薬量が決定します。コンサータ薬は、体重で薬量が決まりますので、養護教諭と連携して体重の管理が必要です。

⑨午後になると不安定になりませんか？
　→薬の種類によっては効用が限られています。コンサータ薬は、10 〜 12 時間の効用です。朝7時頃に服薬した場合、15 時過ぎから薬の効果が弱まり、部活や放課後児童クラブ等で集中できなくなります。

⑩午前中に集中力がなくなりませんか？
　→薬の種類によっては副作用が出ることがあります。抗てんかん薬などは午前中に注意散漫になり集中できなくなることがあります。

Q67 てんかん発作と薬物治療

Q67-1 てんかん発作が起きた場合には、どのように対処すればよいですか。

A67-1 　てんかん発作が起きても、慌てないでください。すぐに時計を見て時刻を確認します。発作から5～10分程度様子を見て、そのときの回復状態により、以下のような処置（対応）をしていきます。

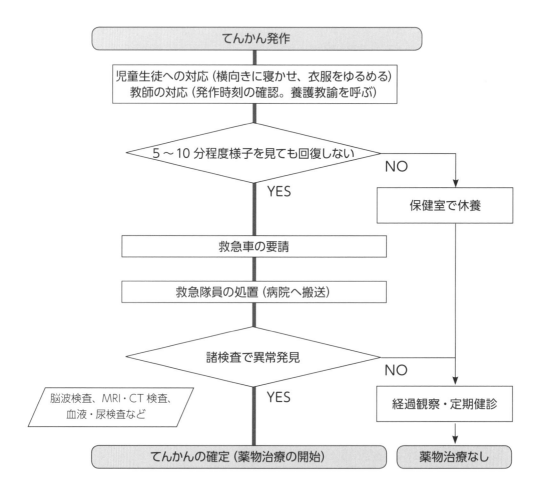

■てんかん発作の観察の要点

知的病弱自情	1．発作が起きた時間と状況、誘因になるものはなかったかどうか 2．意識障害の有無 3．けいれんがあった場合（どの部分、向き、突っ張り具合）、なかった場合（いつ、どこで） 4．発作の継続時間 5．身体の変化（顔色、唇の色、唾液） 6．発作後の様子（眠ったか、手足にまひがあったか、ぼんやりして歩き回ったかなど） 7．けがの有無

第Ⅳ章　特別支援学級経営のポイント77

医療機関との連携・薬物治療

Q67-2　てんかん発作とその原因は、なんですか。

A67-2　WHO（世界保健機関）によると、「てんかんとは、種々の成因によってもたらされる慢性の脳疾患であって、大脳ニューロンの過剰な発射に由来する反復性の発作（てんかん発作）を特徴とし、それに様々な臨床症状及び検査所見がともなう。」と定義されています。原因は、症候性てんかん（脳に何らかの障害や傷があることによって起こる）と、突発性てんかん（検査しても異常が見つからない原因不明のてんかん）があります。

Q67-3　てんかんの種類と特徴について教えてください。

A67-3　てんかんの発作の種類とその特徴については、以下の通りです。（日本てんかん協会）

全般発作	強直間代発作	大発作、意識喪失とともに全身を硬直させ（強直発作）、直後にガクガクと全身がけいれんする（間代発作）。
	単純欠神発作	数秒から数十秒の突然に意識消失し、すばやく回復する。
	複雑欠神発作	意識障害にくわえて他の症状、自動症やミオクロニー発作などを伴う。 ※自動症（舌なめずり、揉み手、一見目的にかなった行動をする） ※ミオクロニー発作（体を一瞬ビクっとさせるものから意識消失して倒れるものまで様々）
	点頭発作	全身の筋肉の緊張が高まり、頭部前屈、両手を振上げる、両脚の屈曲という形をとる。
	脱力発作	全身の力が瞬時になくなって崩れるように倒れる。
部分発作	単純部分発作	意識は、保たれている。
	複雑部分発作	意識が消失する。
	二次性全般化発作	部分発作から始まり、全身のけいれんが起こる。

Q67-4　抗てんかん薬の種類と効能や副作用を教えてください。

A67-4　てんかん薬の種類と効能や副作用については、以下の通りです。抗てんかん薬の副作用は、眠気、注意力・集中力・反射運動能力の低下、悪心、嘔吐、食欲低下、発疹や高熱が見られます。服薬後2時間過ぎた頃から集中力がなくなり、ボーッとなることがあります。テグレトール、レキシン、フェノバール、ルミナール、ランドセン等は認知能力が低下することもあります。

薬の名前（商品名）	効　能　・　効　果
デパケン、セレニカなど	・広範な発作抑制（欠神発作、ミオクロニー発作、強直間代発作）
テグレトール、レキシンなど	・三又神経痛の発作抑制（単純や複雑部分発作、強直間発作）
フェノバール、ルミナールなど	・不眠症、不安や緊張の鎮静（自立神経発作、運動発作）
セルシン、セレナミンなど	・情動異常の除去、筋痙攣抑制（神経症、うつ病）
イーケプラなど	・部分発作、他の抗てんかん薬と併用（強直間代発作）
ランドセン、リボトリールなど	・全般発作、部分発作

Q67-5　学校の中で、てんかん発作が起きやすい場面と、その予防について教えてください。

A67-5　抗てんかん薬を服用している場合には、てんかん発作が起きることはほんどありません。しかし、次の場合には、発作が誘発されて発作が起こることがあります。

①「疲れ・睡眠不足」があるとき（運動会・体育大会・宿泊学習などの行事、スポーツ活動など）

②「興奮」しているとき（楽しく盛り上がっている行事、拍手喝采、勝負事など）

③「フラッシュ・閃光」でまぶしいとき（カメラのフラッシュ、晴天時の水面や雪面など）

この3つの場面が複合した学習活動は「水泳」と「スキー」が考えられます。水泳の場合には、入水時から15分間が要注意なので監視人を2人体制にしましょう。スキーの場合には、必ずゴーグルを掛けさせましょう。

Q68 ADHDの児童生徒への薬物治療

Q68-1 ADHDの児童生徒が薬物治療を開始することになりました。担任は、服薬開始後にどのようなことに留意しますか。

A68-1 担任は、服薬開始後から本人の様子について記録しておきます。当初は2週間ずつの投薬で通院しますので、保護者を通じて主治医に報告して薬量の調整をサポートしていきます。

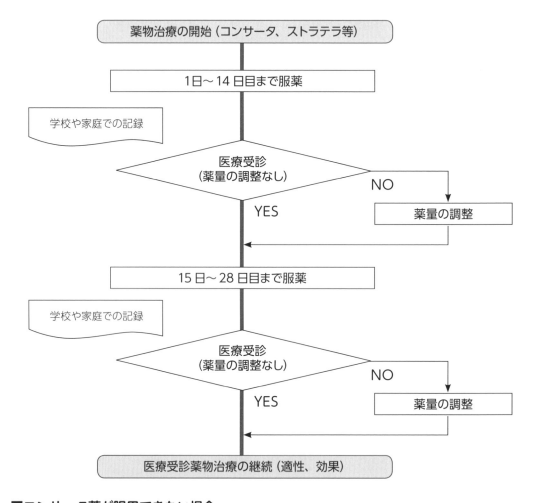

■コンサータ薬が服用できない場合

自情 病弱	・過度の不安、緊張、興奮の症状がある場合、緑内障、甲状腺機能亢進、不整頻拍、狭心症、運動性チック、トゥレット症候群、うつ病などの診断がある場合には、コンサータ薬が服用できないことがあります。 ・てんかん、高血圧、心不全、心筋梗塞、脳血管障害、統合失調症、双極性障害（躁鬱病）などの診断がある場合、心臓に構造的な異常、消化管に狭窄などがある場合には、コンサータ薬が服用できない可能性があります。

医療機関との連携・薬物治療

Q68-2 ADHDに処方されるコンサータ、ストラテラ、インチュニブの薬は、どのような特徴がありますか。

A68-2 用量、効用、副作用を以下に示しました。薬についてある程度の知識があるとスムーズに対応できます。

【コンサータ（メチルフェニデート）】

用量	・18mg、27mg、36mgの3種類。カプセル ・小学生は上限45mg、中学生は上限54mg。体重に基づく
効用	・即効性があり、薬効が10～12時間（9時過ぎ～15時過ぎ）持続される。家庭にいる時間（朝、夕方～夜）は効果が薄い。
副作用	・食欲不振、不眠、頭痛、腹痛、悪心、嘔吐、体重減少等

【ストラテラ（アトモキセチン）】

用量	・5mg、10mg、25mg、45mgの4種類。カプセルと液体薬剤0.4%（内服液）。体重に基づき1日分の用量を2回に分けて服薬する。上限が体重1.2倍
効用	・効果発現は6～8週間と時間を要す。 ・持続時間は薬の効果が現れれば1日中持続する。
副作用	・食欲不振、不眠、頭痛、腹痛、悪心、嘔吐、体重減少等

【インチュニブ（グランファシン）】

用量	・1mg、3mgの2種類。白色の円形の錠剤 ・体重50kg未満は1日1mg。維持3mg、上限5mg
効用	・コンサータの即効性とストラテラの遅延性の中間
副作用	・傾眠、血圧低下、頭痛、腹痛、体重増加、倦怠感等

Q68-3 抗ADHD薬で留意する点はどんなことですか。

A68-3 コンサータ薬は、下図のように朝7時頃に服用した場合、15時過ぎには効き目が弱くなりますから、放課後学童クラブや部活動でトラブルが発生する可能性があります。対人関係に留意しましょう。また、副作用により、給食は少食となりますので盛り付けや食べ残しに配慮します。さらに、保護者から「家庭では効き目がない」という訴えもありますが、コンサータ薬の特徴として「朝や夜に効き目がなくなる」ことを伝えましょう。

ストラテラは、効果があらわれるまで3～6か月程度かかる場合もあります。また、効き目も一定で薄いですから特徴をよく把握しておきましょう。

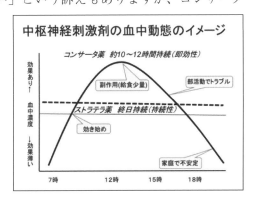

Q69 代表的な疾患と薬物治療

Q69-1 思春期の児童生徒の中には、「頭が痛い、お腹が痛い、立ちくらみがする」と言って訴えることがあります。医療機関を受診すると「起立性調節障害（起立性調節症）」と診断され、薬物治療をすることもあるようです。登校しぶりや不登校の前兆とも聞きますが、どのように対応すればよいのでしょうか。

A69-1 「起立性調節障害」は、自律神経失調症の一つで、小学生で5％、中学生で10％とも言われています。体調不良が一過性のものなのか、「起立性調節障害」なのかを早期に見極めていくことが重要です。

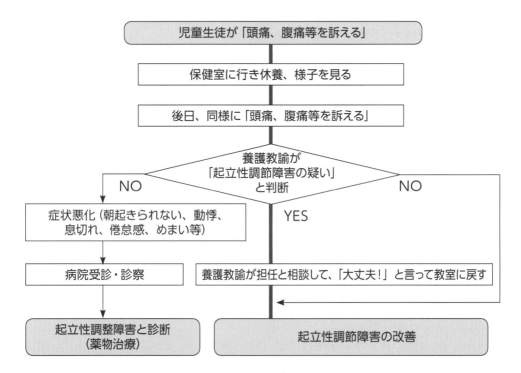

■起立性調節障害への対応と薬物治療

| 知的 肢体 病弱 弱視 難聴 言語 自情 | ・起立性調節障害は、身体的な病気であることを認識しつつも、初期の段階では、その兆候を見極めて、「大丈夫」と言って安心させながら改善させることも可能です。学校生活のストレスもありますので、悩みを丁寧に聞きましょう。不登校を予防することにもなります。登校渋りや学校を欠席しがちになった場合には、朝起きられなくなり夜更かしをしてしまいますから、朝は2時間程度早く起きるようにし、時間をかけて登校の準備をします。保護者が本人を起こすことができるかがポイントとなります。
・起床のときには、うつ伏せになり、腰を上げて頭を低くします。寝返りを打ち仰向けになり、また、うつ伏せで頭を低くして、30分くらいかけてゆっくり起きます。
・治療薬としては、塩酸メドドリン（メトロジン・メドリジンD錠）、プロプラノロール（インデラル）、メシル酸ジビドロエルゴタミン（ジヒデルゴット）、メチル硫酸アメジニウム（リズミック）の4種類があります。 |

第Ⅳ章　特別支援学級経営のポイント 77

医療機関との連携・薬物治療

Q69-2 児童精神科で用いられる代表的な薬としては、どのようなものがありますか。

A69-2　代表的な薬は、以下に示しました。これらの薬は、適用外で使用されることがあります。例えば、気分安定薬や抗てんかん薬（デパケン、テグレトールなど）は、ADHD における高揚気分や興奮、衝動的行動や攻撃的行動の治療に用いられることがあります（井上，2014）。

種　類	薬　名（商品名）	効　用・特　徴
精神安定薬 (抗精神病薬)	リスパダール　　エビリファイ セレネース（ハロペリドール）	抗精神病薬とも呼ばれ、統合失調症のほか、チック障害や衝動性の軽減にも適応外使用されることがある。
気分安定薬 （躁鬱）	デパケン　　　リーマス テグレトール	双極性障害に用いる。血中濃度を測定して中毒量でないことを確認しながら処方する。
抗うつ薬	ルボックス（デプロメール） ジェイゾロフト　アナフラニール	パニック障害、社交不安障害、強迫性障害にもの適応のある薬剤が含まれる。
抗不安薬	リーゼ　　　ソラナックス セルシン　　ワイマックス	依存性に配慮しながら慎重に処方する。
抗てんかん薬	デパケン　　テグレトール アレビアチン	デパケンとテグレトールは、衝動性の軽減にも適応外使用されることがある。

Q69-3 児童生徒が様々な疾患等で薬物治療しています。どのような疾患名と治療薬がありますか。

A69-3　代表的な疾患と薬、その特徴については、以下に示しました。

疾患名など	治　療・薬　名（商品名）	効　用・特　徴
アトピー性 皮膚炎	副腎皮質ホルモン薬(ステロイド)、免疫調整薬のタクロリムス(プロトピック)	皮膚のかゆみや炎症を抑える。 かゆみ止めの抗ヒスタミン薬や抗アレルギー薬などが用いられることもある。
気管支喘息	①長期管理薬（抗炎症薬の吸入ステロイド薬、気管支拡張薬の長時間作用性吸入 β_2 刺激薬、ロイコトリエン受容体拮抗薬、テオフィリン徐放製剤、抗 IgE 抗体）、②発作治療薬（短時間作用性吸入 β_2 刺激薬）	「発作が起こらないようにする薬」と「発作をしずめる薬」を使い分ける。喘息の治療薬は、内服薬、吸入薬、貼り薬、注射薬などがあり、吸入薬が主に用いられる。
アレルギー性鼻炎 （花粉症、 ハウスダスト）	①内服薬（抗ヒスタミン薬、抗ロイコトリエン薬）、②点鼻薬（鼻噴霧用ステロイド薬）、③点眼薬（抗ヒスタミン薬、ステロイド点眼薬）	くしゃみ、鼻水、鼻のかゆみ、鼻づまりなどを抑える。薬物治療のほかに、手術治療、減感作治療などがある。
結膜炎	市販薬（ロート抗菌目薬、抗菌アイリス a、ロート・アルガードクリアブロック EX、サンテ・アルフリー、アイリス AG ガードなど）	結膜に起こった炎症で、目のかゆみ、充血を抑える。結膜炎には、ウィルス性結膜炎、アレルギー性結膜炎、細菌性結膜炎の 3 種類がある。
中耳炎	①抗生剤、②点耳薬、③解熱鎮痛薬 悪化した場合には、鼓膜の切開や鼓膜チューブ留置手術をする。	鼓膜の奥に細菌やウィルスが入り膿が溜まっている状態を改善させる。中耳炎には、急性中耳炎、滲出性中耳炎の 2 種類がある。
チック症 トゥーレット症 候群（慢性化）	向精神薬（ハロペリドール） 生活指導（不安感を除く、興味に向ける）	まばたき、首振り、肩すくめ、顔しかめなどを防ぐ。チック症は、動きが中心の「運動チック」と発声が中心な「音声チック」の 2 種類ある。
低身長症 小人症	成長ホルモン剤 (テストステロン、エストロゲン) 整形外科による骨延長術	不足しているホルモンを補うことで症状を改善する。成長ホルモン分泌不全性低身長症、ターナー症候群、軟骨無形成症、プラダー・ウィリ症候群、ヌーナン症候群、慢性腎不全、甲状腺機能低下症などがある。
糖尿病 （Ⅰ型・Ⅱ型）	インスリン製剤（注射薬）、SU 薬、速効型インスリン分泌促進薬、α - グルコシダーゼ阻害薬、ビグアナイド薬、インスリン抵抗性改善薬など	血糖降下薬は、すい臓からのインスリンの分泌を増やしインスリンの働きを高める。ブドウ糖が体内に入るスピードを遅くして血糖値を下げる。
食物アレルギー ハチ刺傷	エピペン（緊急注射用）	ショック症状に対する緊急補助治療。アドレナリンには、気管支を広げる作用や心臓の機能を増強して血圧を上昇させてショック症状を改善する。

187

Q70 実態調査と個別検査の種類

Q70-1 実態調査で個別検査を実施する手順を教えてください。

A70-1 実施手順は以下の通りです。障害の実態や特性に応じて、どのような目的で個別検査を実施するのかを考え、選択・決定します。

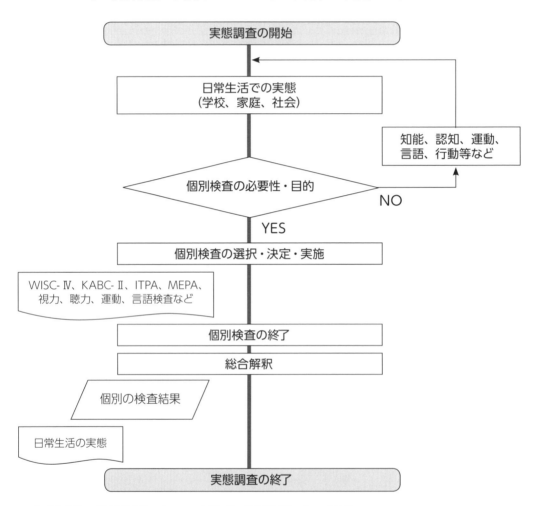

■自立活動や学校生活における主治医（担当者）との確認

知　的	検査項目の意味が分かっているかを確認します。
肢　体	検査中の姿勢、動作に配慮します。
病　弱	検査場所の室温を調整します。
弱　視	検査項目が見えているかを確認します。
難　聴	検査者の声が正確に聞こえているかを確認します。
言　語	児童生徒の言葉が聞き取れない場合には録音します。
自　情	集中が途切れた場合には、区切りのよい項目で休憩を取ります。

第Ⅳ章　特別支援学級経営のポイント77

アセスメント

Q70-2 標準化された個別検査を活用する意義はなんですか。

A70-2　児童生徒の実態を把握する際に、"経験と勘"だけに頼っていては正確な能力や特性を把握することができません。そこで、標準化された個別検査を実施することが重要です。

　まず、児童生徒の障害の種別や程度に応じて「何を知りたいのか」を明確にして個別検査を選択します。そして、個別検査の結果から知能、認知、運動、言語、日常動作等を総合的に解釈し、それに基づいて指導にまでつなげていきます（アセスメント）。なお、個別検査は、1種類だけでなく複数実施（クロスバッテリー）することにより、解釈の精度や信頼性が高くなります。

　個別検査を実施することで児童生徒の現時点での知能や発達の程度が明確になるとともに、認知面・運動面や領域別・分野別の得意・不得意が分かり、指導の手掛かりが見えます。また、就学判断に活かしたり、結果によって障害者手帳の取得や扶養手当の受給などにもつながります。

Q70-3 個別検査を実施する上での留意点はなんですか。

A70-3　特別支援学級の担任教師の中には、検査講習会に参加して児童生徒に個別検査を実施したり、「検査者資格」を取得して専門家として活躍している場合もあるでしょう。

　個別検査を実施するにあたっては、前もって検査練習を積み、実施マニュアル本を熟読し、そのルールを遵守して検査することが望まれます。また、個別検査の記録は、「個人情報」にもなりますから、その活用や管理には十分留意する必要があります。活用する場合には、保護者の同意を得ることも必要となります。

Q70-4 特別支援学級の児童生徒には、どのような個別検査が活用されていますか。

A70-4　次頁に、学校や医療機関等で主に使用されている個別検査の概要をまとめました。

Q70 実態調査と個別検査の種類

【主な個別検査の種類と特徴】

分野	検査名（略式）	適用年齢	所要時間	項目数	概要
知能・心理	田中ビネー	2歳〜成人	30〜60	120	単語の知識、文章の完成、直接記憶、道徳判断などの項目から知能指数（IQ）を算出する。
	WISC™-Ⅳ知能検査	5歳0か月〜16歳11か月	60〜90	10(15)	10の基本検査から全検査IQと4つの指標得点（言語理解、知覚推理、ワーキングメモリ、処理速度）の算出が可能である。合成得点から、子供の知的発達の様相をより多面的に把握できる。
	日本版KABC-Ⅱ	2歳6か月〜18歳11か月	90〜180	認知11 習得9	知的活動を認知処理過程（継次、同時、計画、学習）と習得度（語彙、読み、書き、算数）から測定し、認知尺度と習得度尺の標準得点を算出する。検査結果を教育的な働きかけに結び付けて活用することが可能である。
	DN-CAS認知評価システム	5歳0か月〜17歳11か月	40〜60	12(8)	「プランニング」(P)「注意」(A)「同時処理」(S)「継次処理」(S)の4つの認知機能（PASS尺度）の標準得点を算出する。
運動発達	MEPA-R（ムーブメント教育・療育プログラムアセスメント）	0か月〜72か月	40	運動・感覚（姿勢、移動、技巧）、言語（受容言語、表出言語）、社会性（対人関係）の3分野6領域にわたりチェックする。MEPA-ⅡRは、3分野（姿勢、移動、操作、コミュニケーション）6領域にわたりチェックする。動きづくり、感覚運動統合、身体意識能力、知覚運動、精神運動などの発達を狙いとする教育に活用可能である。
	MEPA-ⅡR（重症児(者)・重度重複障がい者プログラムアセスメント）	0歳〜成人	5	20	
	脳性麻痺簡易運動テスト	なし（5歳程度）	20	27	5つの領域（臥位、坐位、四つ這いと膝たち、立位、歩行）に分けられている。採点は5段階とし、各項目の点数を合計し全体に対する％を出して総合点を得る。
日常生活	基本的ADL評価法	6か月〜18歳	60	28	大項目は6分野（食事、排泄、更衣、整容、入浴、移動）に分けられている。6分野の点数を総計して操業評価点とする。自立度評価点（125－28）、介助度得点（137-28）である。
視覚認知	フロステッグ視知覚発達検査（DTVP）（DTVP-2）	4歳〜7歳11か月 DTVP-2は10歳	30〜40	72	「視覚と運動の協応」「図形と素地」「形の恒常性」「空間における位置」「空間関係」の5つの検査から、知覚年齢と知覚指数（PQ）が分かる。DTVP-2は、「目と手の協応」「空間における位置」「模写」「図と地」「空間関係」「視覚閉合」「視覚運動速度」「形の恒常性」の8つ検査」
言語発達	言語学習能力診断検査（ITPA）	3歳〜8歳11か月	60〜80	10	4つの絵の中から検査者の言う単語に最もふさわしい絵を選択させることにより、語彙年齢（VA）が分かる。
自閉症	日本版PEP-3 自閉症・発達障害児教育診断検査［三訂版］	2歳〜12歳	90〜180	172	自閉症児の模倣・知覚・運動機能・認知機能など、発達上の重要な側面を的確にとらえることが可能である。また、親などの養育者レポートを設けて、定型発達の児童生徒と比較する。

アセスメント

自閉症	精研式CLAC自閉症行動チェック CLAC-Ⅱ（一般用） CLAC-Ⅲ（行動療法用）	幼児〜13歳	60〜120	基本的学習13 学習関連7	①自閉児・知的障害児その他の発達障害児の行動特徴の把握、②治療方針策定、関係者との話し合いの資料、③行動療法等の治療教育効果の判定、治療・教育機関同士の共通理解に活用可能である。
総合発達	乳幼児分析的発達検査法（遠城寺式）	0〜5歳	15〜30	151	「運動」「探索・操作」「社会」「食事・排泄・生活習慣」「理解・言語」の5つの分野における発達年齢、発達指数（DQ）を算出する。
	乳幼児精神発達質問紙（津守式）	0〜7歳	30〜60	438	「移動運動」「手の運動」「基本的生活習慣」「対人関係」「発語」「言語理解」の6つの分野における発達年齢、発達指数（DQ）を算出する。
	S-A社会生活能力検査	1〜13歳	30〜60	130	「身辺自立」「移動」「作業」「意思交換」「集団参加」「自己統制」の6つの領域における領域別社会生活年齢（領域別SA）と全検査社会生活年齢（全検査SA）、社会生活指数（SQ）が分かる。
	新版K式発達検査	0〜14歳	30〜60	324	「姿勢運動領域」「認知・適応領域」「言語・社会領域」の3つの領域における発達年齢、発達指数（DQ）を算出する。
語彙発達	絵画語彙発達検査（PVT）	3歳〜10歳	10	10	表象水準（ことばの理解、絵の理解、ことばの類推、絵の類推、ことばの表現、動作の表現）と自動水準（文の構成、絵さがし、数の記憶、形の記憶）の下位検査項目から、言語学習年齢（PLA）を算出する。
絵画発達	グッドイナフ人物画検査（DAM）	3〜9歳	5〜15	50	人物を1人描かせ、その人物画の各部分について点数化することにより、知能発達水準を算出する。
LD・ADHD	STRAW-R 改訂版標準読み書きスクリーニング検査	小学校1年生〜高校生	60〜90	48	小学1年生から高校3年生までの音読速度を調べることのできる速読課題や、漢字の音読年齢が算出できる漢字音読課題、中学生用の漢字単語課題などがある。
	LDI-R LD判断のための調査票	小学生〜中学生	20〜40	10	基礎的学力（聞く、話す、読む、書く、計算する、推論する、英語、数学）と行動、社会性の計10領域で構成されている。領域の各項目について、「ない」「まれにある」「ときどきある」「よくある」の4段階評定を用いる。
	PRS LD児・ADHD児診断のためのスクリーニングテスト	5歳〜中学生	5〜10	24	LD・ADHD児診断のためのテストである。「言語性LD」「非言語性LD」「総合診断」ができる。5分野24項目から構成されている。
	Conners3 日本語版（DSM-5対応）	6歳〜18歳 本人用は8歳〜18歳	20	保護者110 教師115 本人99	ADHD児の生活・行動について、過去1か月について「全然あてはまらなかった」から「とてもよくあてはまった」の4段階で回答する。最後の2問のみ、自由記述式の質問になる。集団にも個別にも使用できる。

Q71 知能指数（IQ）と発達指数（DQ）の意味

Q71-1 知能・発達検査等の結果から、就学先（通常の学級、特別支援学級、特別支援学校）をどのように判断すればよいですか。

A71-1 障害のある児童生徒が通常の学級に在籍する場合には、教科学習等の知的能力が問われます。知能・発達検査等の結果と障害の程度を加味しながら総合的に判断します。

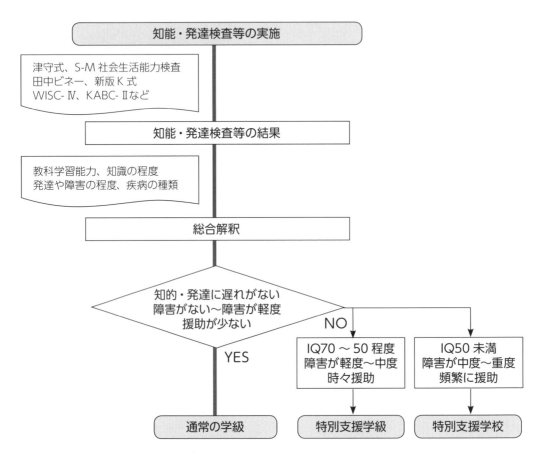

■検査結果による特別支援学級の該当基準

知　的	IQの程度（70未満）、社会生活能力、基本的生活習慣、集団適応等を検討します。
肢　体	肢体不自由（移動・歩行・手指機能）の程度、IQの程度（70未満）、集団適応等を検討します。
病　弱	疾病や心身の状態（慢性疾患、心理的安定）の程度、IQの程度（70未満）、集団適応等を検討します。
弱　視	視能力（0.3未満）、視知覚の程度、IQの程度（70未満）、集団適応等を検討します。
難　聴	聴能力（60dB以上）、発語了解度、IQの程度（70未満）、集団適応等を検討します。
言　語	言語発達能力、発語了解度、IQの程度（70未満）、集団適応等を検討します。
自　情	集団適応力、IQの程度（70未満）、社会生活能力等を検討します。

第Ⅳ章　特別支援学級経営のポイント77

アセスメント

Q71-2 知能指数と発達指数は、どのようにして求めるのですか。また、その数値の意味を教えてください。

A71-2　知能指数（IQ：Intelligence Quotient）は、児童生徒の知的能力（認知機能）の基準を数値化し、知的能力の発達に遅れがあるかどうかを知るためのものです。一方、発達指数（DQ：Developmental Quotient）は、日常生活における基本的習慣、言語、運動、対人関係などにおける児童生徒の発達の規準を数値化し、一人一人の児童生徒の発達状況を知るためのものです。どの指数、どの検査を用いるかは、年齢や障害の程度、疾病の種類などにより選択します。

$$知能指数（IQ）= \frac{精神年齢}{生活年齢} \times 100$$

$$発達指数（DQ）= \frac{発達年齢}{生活年齢} \times 100$$

　例えば、通常の学級に在籍する小学校6年生（12歳6か月）の児童がWISC-Ⅳで全検査IQ＝68の結果でした。これは、「68＝8歳6か月（102か月）÷12歳6か月（150か月）×100」の計算です。つまり、6年生でありながら精神年齢は3年生程度（8歳6か月）であることを意味します。したがって、特別支援学級（知的障害）が妥当であると判断できます。

Q71-3 知能指数の数値から解釈できる知能レベルや就学レベルを教えてください。

A71-3　個別検査と集団式検査では、数値の意味が異なります。以下に知能レベルや就学レベルの目安を示しました。

＜個別検査のレベル＞（IQ100 ＝平均値）

I Q値	知能レベル	学年レベル	就学レベル（目安）
130 以上	非常に優れている		通常の学級
129 〜 120	優れている	IQ130= 2学年高い	
119 〜 110	平均の上	IQ115= 1学年高い	
109 〜 90	平均	IQ100= 当該学年	
89 〜 80	平均の下	IQ85=1 学年低い	
79 〜 70	劣っている（境界線）	IQ70= 2学年低い	
69 〜 50	知的障害（軽度）		知的障害特別支援学級
49 〜 35	知的障害（中度）		知的障害特別支援学校
34 〜 20	知的障害（重度）		
20 未満	知的障害（最重度）		

＜集団式検査のレベル＞（ISS50 ＝平均値）

集団式検査	平均〜平均の下	境界線	知的障害
集団式知能偏差値（ISS）	40 以上	39 〜 30	29 以下
集団式知能標準得点（国・算・英）	45 以上	44 〜 35	34 以下

Q72 WISC-ⅣとKABC-Ⅱの個別検査

Q72-1 WISC-ⅣやKABC-Ⅱの個別検査を実施する際の手順を教えてください。

A72-1 実施手順は以下の通りです。測定不能にならないためには、ある程度の知的能力が高いことが必要です。

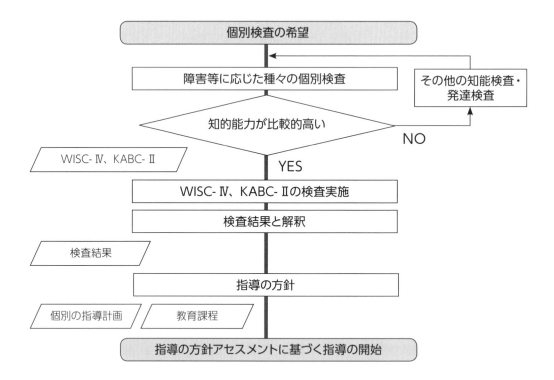

■ WISC-Ⅳ、KABC-Ⅱの個別検査が十分に実施できない場合

知 的	教示を理解できない可能性がありますので、「実施マニュアル」に従い問題の意味を十分に理解させてから実施します。
肢 体	手指の機能障害により、時間内に終了できない、構成できない、書字の判読ができない場合には、参考値としての能力を推定します。
病 弱	体調不良や精神不安定により、1日で実施できない場合には、2週間以内で「下位検査」を振り分けて実施します。
弱 視	文字や検査用具が見えない場合には、「拡大」するなどして実施し、参考値としての能力を推定します。
難 聴	検査者の「教示」が聞こえない場合には、「筆記」するなどして実施し、参考値としての能力を推定します。
言 語	発語不明瞭の場合には、「筆記」させるなど回答を得るなどして実施し、参考値としての能力を推定します。
自 情	感覚過敏（音・温度）に影響されないように検査室を検討します。場面緘黙児の場合には、KABC-Ⅱの「非言語」の下位検査を実施することで、参考値としての能力を推定します。

＊個別検査は、「実施マニュアル」に従って正確に実施することが重要です。基本を逸脱したり、安易に「教示」を替えないようしましょう。「参考値」として解釈することもあります。

第Ⅳ章　特別支援学級経営のポイント 77

アセスメント

Q72-2 WISC-ⅣとKABC-Ⅱの検査項目と、それを測っている能力を教えてください。

A72-2　WISC-ⅣとKABC-Ⅱの下位検査の主な能力については、以下に示しました。なお、特徴（概要）については、Q70を参照してください。

【WISC-Ⅳ】

	検査項目	主 な 能 力
理解	類似	言語推理、概念形成、語の発達、語の推理
	単語	一般的な知識、言語概念形成、語彙の知識
	理解	社会的ルールの理解、一般的な知識
	知識	一般的な知識
	語の推理	言語理解、言語的推理能力、言語抽象概念、語彙の知識
ワーキングメモリ	数唱	聴覚的短期記憶、注意力、メモリースパン
	語音整列	順序づけ、集中力、注意力、聴覚的短期記憶
	算数	数的推理、計算力、算数能力
知覚推理	積木模様	視覚認知、視覚的な体制化
	絵の概念	抽象的な推理能、帰納的な推理力
	行列推理	視覚情報の処理能力、一般逐次的推理
	絵の完成	知覚的細部の認識、位置空間関係
処理速度	符号	視覚的探求能力、事務的処理の速さ
	記号探し	視覚的短期記憶、知覚処理速度
	絵の抹消	選択的視覚的注意、知覚処理速度

【KABC-Ⅱ】

	検査項目	主 な 能 力
継次	数唱	聴覚的短期記憶、注意力、記憶範囲
	語の配列	聴覚的・視覚的短期記憶、作動記憶、ワーキングメモリ
	手の動作	視覚的短期記憶、記憶能力
同時	顔さがし	視覚的短期記憶
	絵の統合	統合する力
	近道さがし	空間認知、空間走査
	様の構成	空間的関係、視覚化
計画	物語の完成	帰納法、一般的知識、一般系列推理、視覚化
	パターン推理	推理能力、帰納、視覚化
学習	語の学習	視覚的短期記憶、連合記憶
	語の学習遅延	覚的長期記憶、連合記憶、学習能力
	表現語彙	語彙の知識
語彙	なぞなぞ	言語発達、言語推理、語彙の知識
	理解語彙	単語の理解、一般的知識、語彙の知識
読み	ことばの読み	読字、読み書き能力
	文の理解	長文読解力、動作化
書き	ことばの書き	読み書き能力
	文の構成	作文能力、読み書き、統語活用
算数	数的推論	問題解決能力、数学的知識、数学的学力
	計算	計算スキル、数学的知識

Q72-3 WISC-ⅣとKABC-Ⅱの違いはなんですか。どちらを使えばよいですか。

A72-3　両検査は、ともに知的レベル、認知の偏り（得意・不得意）を把握することができます。

可能であれば、両方の検査を実施して比較してみるとよいでしょう。しかし、どちらか1つを選択しなければならない場合には、以下の考え方があります。

KABC-Ⅱは、国語や算数の教科学習能力を把握することができ、検査時間はかかりますがLDや境界線の能力を把握したい場合に適しているでしょう。また、場面緘黙児にも実施可能です。WISC-Ⅳは、学習の遅れが見られず、あまり検査時間がからずにADHDやASD等の認知の偏りを把握したい場合に適しているでしょう。

Q73 障害福祉サービスの種類

Q73-1 障害福祉サービスを利用するときの手続きは、どのようにするのですか。

A73-1 手続きは以下の通りです。市区町村の窓口（福祉担当）に申請をしてください。

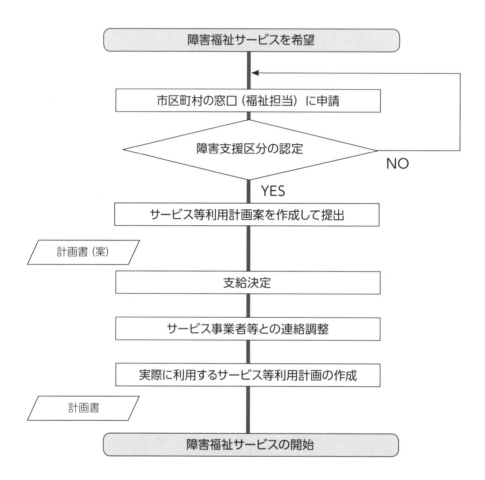

■障害福祉サービスの目的

知　的	日常の生活能力の向上のための訓練など
肢　体	日常生活の基本動作の向上、理学療法や作業療法等の機能訓練の支援など
病　弱	健康増進、医療的管理下での支援など
弱　視	視力向上のための視機能の訓練など
難　聴	聴力向上のための聴機能の訓練など
言　語	発音明瞭のための言語機能の訓練など
自　情	対人スキル向上のためのソーシャルスキルトレーニングなど

第Ⅳ章　特別支援学級経営のポイント77

障害福祉

Q73-2 障害のある児童生徒を対象とした福祉サービスの種類・内容は、どのようなものがありますか。

A73-2 　児童福祉法（18歳未満）に基づく障害児への福祉サービスとして、「児童通所支援」「障害児入所支援」「障害児相談支援」があります。また、児童発達支援には、児童福祉施設として定義された「児童発達支援センター」とそれ以外の「児童発達支援事業」の2類型があります。対象者は、障害者手帳所持者・難病患者等の方ですが、手帳を所持していない方でも対象となる場合があります。自己負担は、原則サービス利用料の1割です。

　利用する保護者は、市町村に障害者支援区分の認定について申請を行い、サービス等利用計画を経て、支給決定を受けた後、利用する施設と契約を結びます。障害児入所施設を利用する場合は、児童相談所に申請します。

【児童通所支援（市町村）】

サービス名	サービス内容	支給要件
児童発達支援	日常生活における基本的な動作の指導、知識技能の付与、集団生活への適応訓練その他必要な支援を行います。	療育の観点から、集団及び個別療育を行う必要があると認められる未就学児。
医療型児童発達支援	日常生活における基本的な動作の指導、知識技能の付与、集団生活への適応訓練その他必要な支援および治療を行います。	肢体不自由があり、理学療法等の機能訓練又は医療的管理下での支援が必要であると認められた未就学児。
放課後等デイサービス	生活能力の向上のために必要な訓練、社会との交流の促進その他必要な支援を行います。	学校（幼稚園および大学を除く）に就学しており、授業の終了後又は休業日に支援が必要と認められた児童。
保育所等訪問支援	障害児自身の児童との集団生活への適応のため専門的な支援その他必要な支援を行います。	訪問により保育所等における集団生活の適応のための専門的な支援が必要と認められた児童。

【障害児入所支援（都道府県）】

福祉型障害児入所施設	重度・重複障害の対応、障害児の保護（被虐待児）、自立に向けての日常生活に必要な訓練、知識や技能の付与を目的として支援を行います。
医療型障害児入所施設	福祉型障害児入所施設で行う、障害児の保護、自立に向けての日常生活に必要な訓練、知識や技能の付与のほか、専門医療の提供（医療行為、リハビリ、短期訓練、精神医療、強度行動障害への対応など）の提供など専門的な支援を行います。

【障害児相談支援】

障害児支援利用援助	障害児通所支援の申請に係る支給決定前に、障害児支援利用計画案を作成し、支援決定後に、サービス事業者等との連絡調整等を行うとともに、障害児支援利用計画の作成を行います。
継続障害児支援利用援助	支給決定されたサービス等の利用状況の検証を行い、サービス事業者等との連絡調整等を行います。

Q74 障害者手帳の種類

Q74-1 特別支援学級の児童生徒は、どのような障害者手帳が取得できますか。

A74-1 障害者手帳は3種類あります。障害の種別により、以下のような「療育手帳」「身体障害者手帳」「精神障害者保健福祉手帳」を取得できます。障害の程度に応じて、階級や判定（級・種・度）が異なります。

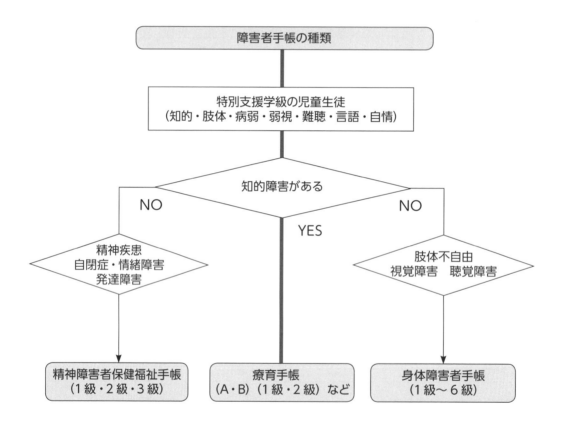

■取得可能な手帳の種類

知 的	療育手帳（自治体により、「愛の手帳」「緑の手帳」「愛護手帳」など名称が異なります）
肢 体	身体障害者手帳
病 弱	身体障害者手帳
弱 視	身体障害者手帳
難 聴	身体障害者手帳
言 語	身体障害者手帳
自 情	精神障害者保健福祉手帳

＊障害が重複している場合には、複数の手帳取得が可能です。

第Ⅳ章　特別支援学級経営のポイント77

障害福祉

Q74-2 **3種類の障害者手帳について、対象者、障害の程度、判定、および交付など、具体的な内容を教えてください。**

A74-2　障害者手帳は、3種類あります。障害者手帳の内容については、都道府県ごとに若干異なっている場合もありますので確認が必要です。3種類の具体的な内容は、以下に示しました。

【療育手帳】

対象者	・知的障害者のある人 ・厚生労働省（2000）「知的機能の障害が発達期（18歳）にあらわれ、日常生活に支障が生じているため、何らかの特別の援助を必要とする状態にある者」 ・「DSM-5　精神疾患の分類と診断の手引き」における定義 ・知的障害の判定は、IQのほか、日常生活動作（身辺処理、移動、コミュニケーションなどの能力）などを総合的に判断する。
障害の程度	・「A」①最重度・重度（IQが概ね35以下であって、食事、着脱衣、排便及び洗面等日常生活の介助を必要とする。異食、興奮などの問題行動を有する。 ・「A」②IQが概ね50以下であって、肢体不自由、視覚障害、聴覚障害等で身体障害者手帳1〜3級を所持する知的障害者 ・「B」中度・軽度（「A」以外の者）　　＊A1,A2,B1,B2の4つに区分している場合もあります。
申請手続き 判定 交付	・区市町村の障害福祉担当窓口に申請 ・18歳未満の場合、児童相談所や子どもセンター等で判定 ・都道府県知事、指定都市市長が交付

【身体障害者手帳】

対象者	・身体に障害のある人（身体障害者福祉法第4条）、一定以上で永続する ・「視覚障害」「聴覚又は平衡機能の障害」「音声機能、言語機能又は咀嚼機能の障害」 　「肢体不自由」「心臓、腎臓又は呼吸器の機能の障害」「膀胱又は直腸の機能の障害」 　「小腸の機能の障害」「ヒト免疫不全ウィルスによる免疫の機能の障害」「肝臓の機能の障害」
障害の程度	・1級〜6級（7級は障害が2つ以上重複する場合に6級となる）、「身体障害者障害程度等級表」 ・第1種と第2種（JRやバス等の公共交通機関の運賃割引に活用）　例：聴覚障害　第2種第4級
申請手続き 交付	・区市町村の障害福祉担当窓口に申請（15歳未満の児童の場合には保護者が代理申請可） ・都道府県知事、指定都市市長、中核都市市長が交付

【精神障害者保健福祉手帳】

対象者	・精神障害のある人（精神保健及び精神障害者福祉に関する法律第5条） ・統合失調症、精神作用物質による急性中毒またはその依存症、知的障害、精神病質その他の精神疾患を有する者 ・高次機能障害、発達障害（自閉症、学習障害、注意欠陥多動性障害等） ・精神疾患を有する者（知的障害者を除く）のうち、精神障害のため長期にわたり日常生活又は社会生活への制約がある者。初診から6か月以上経過していること。
障害の程度	「精神保健及び精神障害者福祉に関する法律」施行令第6条3 ・1級（日常生活の用を弁ずることを不能ならしめる程度の者） ・2級（日常生活が著しく制限を受けるか、または日常生活に著しい制限を加えることを必要とする程度の者） ・3級（日常生活もしくは社会生活が制限を受けるか、又は日常生活もしくは社会生活に制限を加えることを必要とする程度の者）
申請手続き 交付	・区市町村の障害福祉担当窓口に申請 ・都道府県知事、指定都市市長が交付

Q75 障害者手帳の取得方法

Q75-1 障害者手帳を取得するためには、どのような手続きが必要ですか。

A75-1 障害者手帳を取得するまでのフローは、以下の通りです。希望する場合には、保護者が市区町村の障害福祉担当窓口で相談（申請）することになります。担任は、保護者に障害者手帳の説明をして、希望の有無を確認しておきましょう。

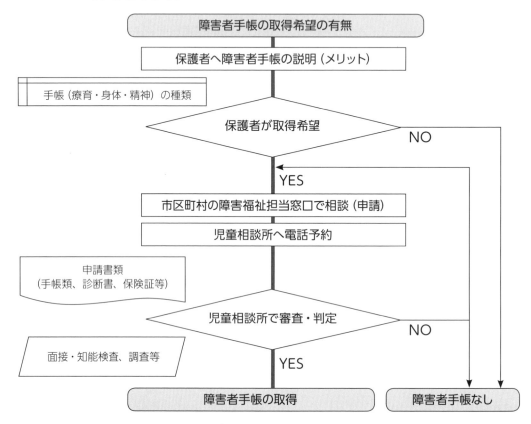

■障害別による障害者手帳申請のポイント

知 的	「療育手帳」は、学年が上がるにつれて知的能力が高くなることもあるので、就学時や低学年のときなど早めに取得するとよいでしょう。
肢 体	「身体障害者手帳」は、更新時に障害の程度（回復度、重篤等）により、等級や種類が変更になる場合があります。
病 弱	
弱 視	
難 聴	
言 語	
自 情	「精神障害者保健福祉手帳」は、都道府県により学校卒業後の申請になる場合もあります。

＊都道府県により手帳に有効期限（2年、5年など）があるので、取得時期や更新時期を確認しておきましょう。
＊申請しても該当しなかった場合には、数年後に再度申請してみましょう。

第Ⅳ章　特別支援学級経営のポイント77

障害福祉

Q75-2 障害者手帳を持っていると、どのようなメリットがありますか。

A75-2　障害者手帳を取得すると、学校生活や将来において、交通運賃や各種料金の割引など様々なメリットがあります。担任は、保護者が障害者手帳の内容を知らないことがありますから、以下の内容を把握しておき、丁寧に説明しましょう。

【交通運賃・道路通行料金の割引】

	対　象	割　引　額	確　認
JR	・療育手帳A所持者、第1種身体障害者 　（介護者割引あり） ・療育手帳「B」所持者、第2種身体障害者 　（介護者割引なし） ・12歳未満の療育手帳B、第2種身体障害者	・5割引（ただし定期券、回数券、急行券は介護者と一緒の場合のみ） ・普通乗車券　5割引 ・定期券　介護者5割引	・窓口で割引乗車券購入 ・手帳提示
バス	・療育手帳A・B所持者と介護人 ・第1・2種身体障害者手帳所持者と介護人	・普通運賃　5割引 ・定期運賃　3割引 　（介護者割引なし）	・乗車券を購入する際に手帳を提示
タクシー	・療育手帳所持者、身体障害者手帳所持者	・1割引	・支払いの際に手帳を提示
有料道路	・身体障害者が自分で運転する場合 ・介護者が第1種身体障害者または療育手帳A所持者を乗せて運転する場合	・5割引	・障害福祉担当窓口 ・ETC利用登録

【各種の割引・免除】

	対　象	割　引　額	確　認
NHK 受信料	・身体障害者のいる低所得者世帯 ・重度知的障害者のいる世帯でその構成員のすべてが市町村非課税 ・世帯主が視覚・聴覚障害または1～2級の肢体不自由で身体障害者手帳所持者	・全額免除 ・半額免除	・市区町村の障害福祉担当窓口で証明を受け、NHKに連絡
電話	・療育手帳所持者 ・身体障害者手帳所持者 ・精神障害者保健福祉手帳所持者	・携帯電話の基本使用料が5割引	・各会社ショップ
駐車禁止 指定除外	・療育手帳A所持者 ・身体障害者手帳（等級で制限有） ・精神障害者保健福祉手帳1級所持者	・駐車禁止除外 ・時間制限駐車除外 ・時間制限駐車区間規制の除外	・警察署交通課
自動車免許取得、自動車改造費用	1. 免許習得費用の助成 　・手帳所持者 2. 身体障害者で自動車改造費用	・費用の2/3助成（限度10万円） ・改造費（限度10万円）	・市区町村の地域生活支援事業で確認

Q75-3 学校生活において、障害者手帳の具体的な活用場面を教えてください。

A75-3　学校では、以下のような学級行事、進学、送迎等で障害者手帳を活用することができます。

・校外学習や修学旅行の際には、電車やバス等の交通機関が割引になります。また、利用する施設料金が減免となります（事前に減免申請が必要な場合あり）。

・高等特別支援学校等の受験の際に手帳取得が条件となっていることもあります。

・児童生徒を学校に送迎する際に、駐車禁止区間の指定解除ができます。

Q76 障害者手当と補装具

Q76-1 障害のある児童生徒に補装具（用具）を購入したいのですが、どのように申請をすればよいですか。

A76-1 補装具（用具）を申請するフローは以下の通りです。市区町村の窓口に相談（申請）してください。

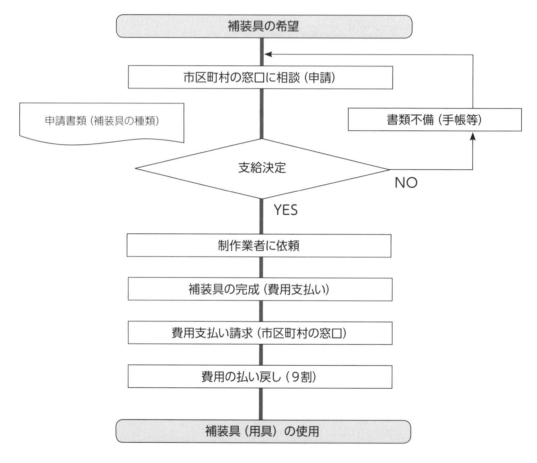

■申請可能な補装具（用具）

知 的	学習能力の理解度、指示の理解度、書字能力の程度等の補装具
肢 体	義肢、装具、座位保持装置、座位保持いす、起立保持具、歩行器、頭部保持具、電動車いす等の補装具
病 弱	排便補助具等の補装具
弱 視	盲人安全杖、歩行補助杖、義眼、眼鏡等の補装具
難 聴	補聴器等の補装具
言 語	意思伝達装置等の補装具
自 情	意思伝達装置等の補装具

第Ⅳ章　特別支援学級経営のポイント77

障害福祉

Q76-2　障害者手当には、どのような種類がありますか。

A76-2　障害者手当には、「特別児童扶養手当」「障害児福祉手当」「特別障害者手当」の３種類があります。特別支援学級の児童生徒は、「特別児童扶養手当」に該当する場合があります。

種　類	対　　象	支給額	確認、申請先
特別児童扶養手当	20歳未満で精神又は身体に障害を有する児童を家庭で監護、養育している父母等に支給	1級 　51,700円 2級 　34,430円	・手帳、診断書 ・市区町村窓口 ・所得制限あり
障害児福祉手当	精神又は身体に重度の障害を有するため、日常生活において常時の介護を必要とする状態にある在宅の20歳未満の者に支給	14,650円	・手帳、診断書 ・市区町村窓口 ・所得制限あり
特別障害者手当	精神又は身体に著しく重度の障害を有するため、日常生活において常時特別の介護を必要とする状態にある在宅の20歳以上の者に支給	26,940円	・手帳、診断書 ・市区町村窓口 ・所得制限あり

＊平成30年4月より適用

Q76-3　補装具（用具）の種類と、その費用について教えてください。

A76-3　障害の状況からみて、日常生活や社会生活の向上を図るために必要と認められる場合、そのための補装具（用具）費が支給されます。原則として、費用の１割が自己負担になります。補装具（用具）の種類は次の通りです。

①義肢、②装具、③座位保持装置、④盲人安全杖、⑤義眼、⑥、眼鏡、⑦補聴器、⑧車椅子、⑨電動車椅子、⑩座位保持椅子、⑪起立保持具、⑫歩行器、⑬頭部保持具、⑭排便補助具、⑮重度障害者用意思伝達装置、⑯歩行補助杖　など

Q76-4　特別支援教育就学奨励費について教えてください。

A76-4　障害のある児童生徒が特別支援学級や特別支援学校で学ぶ際に、保護者が負担する教育関係経費について、家庭の経済状況に応じて、国及び地方公共団体が補助する仕組みです。通常の学級に在籍している児童生徒にも障害の程度により支援が受けられるようになりました。ただし、生活保護や要保護児童生徒援助費補助金などを受けている場合には対象外です。

補助対象は、通学費、給食費、教科書費、学用品費、就学旅行費、寄宿舎日用品費、寝具費、寄宿舎からの帰省費などです。世帯の収入額に応じた支弁区分によって支給割合は異なります。

Q77 成年後見制度

Q77-1 成年後見制度は、どのようにして申請して決定されますか。

A77-1 成年後見制度を申請するフローは以下の通りです。家庭裁判所に申し立てることにより審査され決定（後見・補助・補佐）されます。

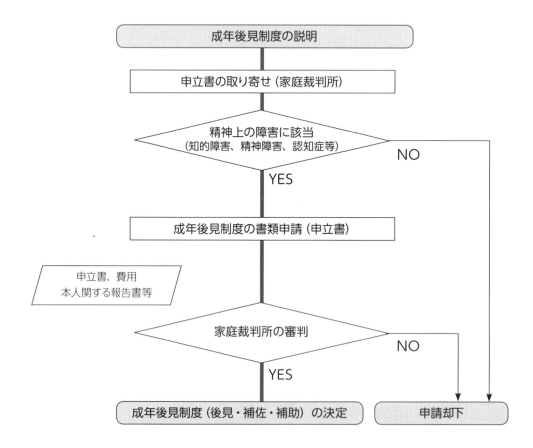

■精神上の障害による該当

知　的	精神上の障害（知的障害）があるので、該当する場合があります。
肢　体	精神上の障害（知的障害、精神障害、認知症等）を併せ有する場合には、該当する場合があります。
病　弱	
弱　視	
難　聴	
言　語	
自　情	精神上の障害（精神障害）があるので、該当する場合があります。

第Ⅳ章　特別支援学級経営のポイント77

障害福祉

Q77-2　**成年後見制度について、教えてください。**

A77-2　　成年後見制度とは、精神上の障害（知的障害、精神障害、認知症など）により、判断能力が十分でない人が不利益を被らないように家庭裁判所に申し立てて、当事者を援助してくれる代理人を付けてもらう制度です。本人の判断能力の程度に応じて「後見」「補佐」「補助」の３類型があります。

　　成年後見制度は、精神上の障害により、判断能力が十分でない方の保護を図りつつ、自己決定権の尊重、残存能力の活用、ノーマライゼイションやインクルーシブの理念を趣旨としています。

　　例えば、知的障害者が悪質な訪問販売員に騙されて高額で商品を買わされた場合には、成年後見制度を利用することにより、その被害を食い止めたりすることができます。また、父母亡き後の財産管理も、成年後見制度を利用することにより、安心して代理人に任せることができます。

　　成年後見制度では、仮に代理人に任せたとしても自己決定権が尊重されますので、食事をしたり商品を購入するなどの日常生活に必要な内容については、本人が自由にできます。

【3類型の特徴】

後見	・精神上の障害により、事理を弁識する能力を欠く常況にある者 　→日常的に必要な買い物も自分ではできず、誰かに代わってやってもらう必要がある程度
補佐	・精神上の障害により、事理を弁識する能力が著しく不十分である者 　→日常的に必要な買い物程度は単独でできるが、不動産、自動車の売買や自宅の増改築、金銭の貸し借り等、重要な財産行為は、自分ではできない程度
補助	・精神上の障害により、事理を弁識する能力が不十分である者 　→重要な財産行為は、自分でできるかもしれないが、できるかどうか危惧があるので、本人の利益のためには誰かに代わってやってもらったほうがよい程度

Q77-3　**どのような保護者に成年後見制度を説明するのですか。**

A77-3　　例えば、障害のある児童生徒が一人っ子で、将来、両親が亡くなった際に身寄りがない場合を想定します。財産分与等の際には、本人に様々な書類の作成や相続税等の負担があります。このようなときに、代理人が財産管理など手続きを代行してくれる「成年後見制度」があるということを保護者にお伝えしましょう。

●文　献●

安藤隆男・藤田継道（2015）『よくわかる肢体不自由教育』，ミネルヴァ書房.

石川県教育委員会（2007）『初めての特別支援学級を担任する人のための Q&A』.

石川充（2014）「医療機関（小児科）の不登校対応」，三浦光哉編『本人参加型会議で不登校が改善する！』,143-146（学研）.

石田宏代・大石敬子（2009）『言語聴覚士のための言語発達障害学』，医歯薬出版.

井上勝夫（2014）「医療機関（児童精神科）の不登校対応」，三浦光哉編『本人参加型会議で不登校が改善する！』,147-152（学研）.

上野和彦・松田修・小林玄・木下智子（2015）『日本版 WISC- Ⅳによる発達障害のアセスメント』，日本文化科学社.

河合　康・小宮三彌（2018）『わかりやすく学べる特別支援教育と障害児の心理・特性』，北樹出版.

菊地一文（2010）「特別支援教育におけるキャリア教育の意義と今後の充実に向けて重視すべき視点」，『特別支援教育研究』，368 号，東洋館出版社，2-8.

公益法人日本てんかん協会（2018）「てんかんとは」．http://www.jea-net.jp/ （2018.9.25 参照）.

厚生労働省（2018）「福祉介護　障害者福祉」.
　　https://www.mhlw.go.jp/stf/seisakunitsuite/bunya/hukushi_kaigo/shougaishahukushi （2018.9.25 参照）.

厚生労働省（2018）「雇用・労働」.
　　https://www.mhlw.go.jp/stf/seisakunitsuite/bunya/koyou_roudou （2018.9.25 参照）.

厚生労働省（2018）「子ども・子育て」.
　　https://www.mhlw.go.jp/stf/seisakunitsuite/bunya/kodomo （2018.9.25 参照）.

厚生労働省（2018）「健康・医療」.
　　https://www.mhlw.go.jp/stf/seisakunitsuite/bunya/kenkou_iryou （2018.9.25 参照）.

国立特別支援教育総合研究所（2011）『特別支援教育充実のためのキャリア教育ガイドブック』，ジアース教育新社.

国立特別支援教育総合研究所（2010）『知的障害教育におけるキャリア教育の在り方に関する研究−「キャリア発達段階・内容表（試案）」に基づく実践モデルの構築を目指して−』，平成 20 〜 21 年度，研究成果報告書.

玉村公二彦・清水貞夫・黒田学・向井啓二（2015）『キーワードブック特別支援教育』，クリエイツかもがわ.

坂本裕（2015）『特別支援学級はじめの一歩　まずは押さえたい 111 のポイント』，明治図書.

佐藤暁（2012）『入門特別支援学級の学級づくりと授業づくり』，学研.

佐藤愼二（2013）『特別支援学校・特別支援学級 担任ガイドブック』，東洋館出版社.

杉山登志郎（2015）『発達障害児の薬物療法　ASD・ADHD・複雑性 PTSD への少量処方』，岩崎学術出版社.

全日本特別支援教育研究連盟（2013）『特別支援教育 学級経営 12 か月 特別支援学級』，東洋館出版社.

中央教育審議会答申（2011）『今後の学校におけるキャリア教育・職業教育の在り方について』.

中央教育審議会（2012）『共生社会の形成に向けたインクルーシブ教育システム構築のための特別支援教育の推進（報告）』.

高浦勝義（1998）『総合学習の理論・実践・評価』，黎明書房.

武富博文・松見和樹（2017）『知的障害教育におけるアクティブ・ラーニング』,東洋館出版社.

長野県教育委員会（2014）『特別支援学級ガイドライン』.

南山堂（2015）『南山堂医学大辞典』，第 20 版.

西間三薫・横田雅史（2003）『病弱教育 Q & A　Part Ⅴ』，ジアース教育新社.

日本精神神経学会（2014）『DSM-5 精神疾患の分類と診断の手引』，日本語版用語監修・日本精神神経学会，高橋三郎・大野裕監訳，医学書院.

馬場賢治（2014）『そこが知りたい！特別支援学級の指導　59 の疑問』，黎明書房.

藤田和弘・石隈利紀・青山真二・服部環・熊谷恵子・小野純平（2014）『エッセンシャルズ　KABC- Ⅱによる心理アセスメントの要点』,丸善出版.

北海道特別支援教育振興協議会（2014）『教育支援のためのハンドブック』.

松原達也（2002）『心理テスト入門』，日本文化科学社 .

三浦光哉（2017）『特別支援教育のアクティブ・ラーニング』，ジアース教育新社 .

三浦光哉（2017）『5 歳アプローチカリキュラムと小 1 スタートカリキュラム』，ジアース教育新社 .

森則夫・杉山登志郎・岩田康英（2014）『臨床家のための DSM-5 虎の巻』，日本評論社 .

文部科学省（2003）『今後の特別支援教育の在り方について（最終報告）』.

文部科学省（2013）『教育支援資料～障害のある子供の就学手続きと早期からの一貫した支援の充実～』, 初等中等教育局特別支援教育課.

文部科学省（2017）『特別支援教育資料（平成28年度）』, 初等中等教育局特別支援教育課.

文部科学省（2018）『小学校学習指導要領（平成29年3月告示）』, 東洋館出版社.

文部科学省（2018）『中学校学習指導要領（平成29年3月告示）』, 東山書房.

文部科学省（2018）『特別支援学校　幼稚部教育要領　小学部・中学部学習指導要領（平成29年4月告示）』, 海文堂出版.

文部科学省（2018）「教科書」
http://www.mext.go.jp/a_menu/shotou/kyoukasho/main3_a2.htm　（2018.9.25 参照）.

文部科学省（2018）「教科用特定図書等（拡大教科書、点字教科書、音声教材）」
http://www.mext.go.jp/a_menu/shotou/kyoukasho/1371719.htm　（2018.9.25 参照）.

山形県教育センター（2015）『管理職と担任のための特別支援学級の手引』.

山崎晃資・伊藤則博（1998）『心の科学』.

山中ともえ・川﨑勝久・喜多好一・宮﨑英憲（2017）『はじめての＜特別支援学級＞学級経営12か月の仕事術』, 明治図書.

渡邉健治・安藤房治・池本喜代正・三浦光哉（2010）『特別支援教育の基礎』, 田研出版.

おわりに

　近年、少子化に伴い、小・中学校全体の児童生徒数が減少している中、特別支援教育を受ける児童生徒は年々増加傾向にあります。特別支援教育への期待の大きさがうかがえます。しかし、その期待に応えられる特別支援学級の経営や指導が十分になされているかと思うと、課題は大きいように感じます。教員の資質や指導力はもちろんですが、管理職の理解や学校体制の在り方は十分と言えるでしょうか。

　そのような中、平成 29 年 3 月には小学校学習指導要領、中学校学習指導要領、同年 4 月には特別支援学校小学部・中学部学習指導要領が告示されました。今後、新学習指導要領による教育が本格化し、インクルーシブ教育が推進される時代にあっても、特別支援学級の役割は大きく、障害に応じた指導の重要性が問われています。「特別支援学級は障害のある児童生徒にとって、専門的な教育が受けられる学びの場」であるという期待に応えなければなりません。

　本書は、特別支援学級の経営には欠かせない「ぜひ、これだけは知っておいてほしい」という内容を厳選し、新学習指導要領に対応して Q & A 形式で作成しました。そして、7 つの障害種に応じたポイントも書かれています。経験の浅い先生には、是非この本の内容を基に特別支援学級経営の基礎・基本を知っていただき、ベテランの先生方には、改めて確認をしていただきながら、より良い学級経営を進めていただければと思います。本書が学級経営のバイブルになれば幸いです。

　また、新学習指導要領では、カリキュラム・マネジメントが重要視されており、特別支援学級の教育課程についても、「どうしてそれをしなければならないのか」「どのように実践していくのか」等、これまで以上に教育内容の意義や目的をはっきりさせる必要があると考えます。ぜひ、管理職の先生方にも手にとっていただけたらと思います。

　最後になりましたが、本書は、特別支援学級や特別支援学校で豊富な実践を積み重ねてこられた先生方の執筆により発刊しました。厚く御礼を申し上げます。そして、ジアース教育新社の加藤勝博社長はじめ、編集を担当してくださいました市川千秋様に深く感謝申し上げます。

2018 年 12 月

執筆者を代表して　　山口　純枝

【編著者紹介】

三浦　光哉（みうら・こうや）

　山形大学教職大学院教授　兼任　山形大学特別支援教育臨床科学研究所所長。宮城県公立小学校教諭（通常の学級、特別支援学級担任）、宮城教育大学附属養護学校教諭、宮城教育大学非常勤講師、山形大学教育学部助教授、山形大学地域教育文化学部教授を経て現職。名古屋市特別支援学校の在り方検討委員会座長、山形県発達障がい者支援施策推進委員会委員、山形県・青森県・岐阜県・徳島県の市町村教育委員会の特別支援教育推進委員会専門委員・専門家チーム・特別支援教育アドバイザーなどを歴任。

　主な著書に、『苦手な子供でもできる！アルファベットと英単語の覚え方』（ジアース教育新社）、『「共育」「特別支援教育」「大学連携」　三つの視点で学力向上！』（ジアース教育新社）、『ユニバーサルデザインの学級づくり・授業づくり』（明治図書）、『特別支援教育のアクティブ・ラーニング』（ジアース教育新社）、『知的障害・発達障害の教材・教具１１７（いいな）』（ジアース教育新社）、『本人参加型会議で不登校が改善する！』（学研）、『５歳アプローチカリキュラムと小１スタートカリキュラム』（ジアース教育新社）、『小１プロブレムを防ぐ保育活動』（クリエイツかもがわ）など多数。

【執筆者一覧】

金子美也子　（新潟県長岡市立宮内小学校教諭）　Q41 〜 Q44、Q56 〜 Q58

川村　修弘　（宮城教育大学附属特別支援学校教諭）　Q45 〜 Q50

菅原　秀一　（山形県鶴岡市立櫛引西小学校教諭）　Q6 〜 Q14

中村　麻美　（名古屋市立二城小学校校長）　Q18 〜 Q21、Q23

西川　　崇　（長崎大学教育学部附属特別支援学校主幹教諭）　Q31 〜 Q34

三浦　光哉　（前掲）　Q1 〜 Q5、Q28 〜 Q30、Q35 〜 Q37、Q51 〜 Q55、Q64 〜 Q77

山口　純枝　（名古屋市教育委員会主任指導主事）　Q15 〜 Q17、Q22、Q24 〜 Q27、Q61 〜 Q63

渡邉　敬子　（山形県米沢市立興譲小学校教諭）　Q38 〜 Q40、Q59、Q60

特別支援学級担任のための
学級経営サポートQ&A
－特別支援学級の達人になろう！－

2018 年 12 月 3 日　初版第 1 刷発行

- ■編　著　三浦 光哉
- ■発行人　加藤 勝博
- ■発行所　株式会社 ジアース教育新社

　〒 101-0054　東京都千代田区神田錦町 1-23　宗保第 2 ビル
　TEL：03-5282-7183　FAX：03-5282-7892
　E-mail：info@kyoikushinsha.co.jp
　URL：http://www.kyoikushinsha.co.jp/

■表紙デザイン・DTP　　土屋図形 株式会社
■印刷・製本　　三美印刷 株式会社
Printed in Japan
ISBN978-4-86371-484-7
定価はカバー表示してあります。
乱丁・落丁はお取り替えいたします。（禁無断転載）